KB108411

작은 삶을 권하다

욕심을
덜어내고

내 삶에
만족하는 법

The More of Less

작은 삶을 권하다

조슈아 베커 지음 | 이은선 옮김

와이즈맵

〈작은 삶을 사는 법Becoming Minimalist〉 블로그의 모든 회원들에게 바친다. 그들의 응원과 격려가 내게는 영감이었고 덕분에 이 책이 탄생할 수 있었다. 그들의 삶이 앞으로도 소유를 줄임으로써 더욱 풍성한 삶을 살고자 하는 모든 이들에게 영감을 줄 수 있길 바란다.

차례
—

🏠 1장. 작은 삶을 산다는 것

작은 삶의 전도사 17 · 당신의 옷장이 넘쳐나는 이유 19 · 작은 삶의 12
가지 혜택 22 · 당신이 진짜 원하는 것 26 · 변화를 이끄는 씨앗 28 · 모
퉁이 너머 새로운 세상 30

🏠 2장. 소중한 것에 집중하라

희망의 첫 걸음 36 · 작은 삶의 역사 42 · 21세기의 방랑족, 디지털 노마
드 43

🏠 3장. 나만의 작은 삶을 찾는 법

인생의 우선순위 52 · 새로운 출발점이 된 자동차 여행 54 · 당신의 목
적, 당신의 선택 57 · 어디서부터 시작하면 좋을까 59

🏠 4장. 소비를 강요하는 세상

소비는 어떻게 행복과 동의어가 됐을까 66 · 시대를 뛰어넘는 과소비의
덫 69 · 과잉을 찬양하는 세상 77 · 기업들의 함정을 간파하라 79 · 욕망
으로부터의 해방 83

5장. 나를 비추는 거울

물건을 비우자 내가 보이기 시작했다 92 • 돈이라는 요새를 포기하다 93 • 물질적 가치 vs 인간관계 96 • 정상과 비정상의 새 기준 98 • 만족은 어디에서 오는가 102 • 소비 본능과의 전쟁 105

6장. 쉬운 것부터 차근차근

확실한 이유부터 설정하라 113 • 공략하기 쉬운 곳부터 선택하라 115 • 작은 삶을 위한 작은 시작 116 • 한 번에 방 하나씩 118 • 중복되는 물건을 정리하라 122 • 경험담을 공유하라 124 • 오늘 당장 시작하라 125

7장. 줄일 수 없다는 거짓말

허황된 꿈 비우는 법 130 • 책꽂이에 정리할 수 있는 만큼만 132 • 종이 쓰레기로 쌓은 탑 135 • 전자기기는 어떻게 처리할까 139 • 오직 최고만 남겨라 142 • 쓸데없는 자부심 147 • 우리에게 필요한 최소의 집 150 • 중간에 포기하지 말 것 152

🏠 8장. 삶의 군더더기와의 이별

군더더기를 줄이는 실험 159 • 충분하다는 건 어느 정도일까 161 • 프로젝트 333 164 • 자리 바꾸기 166 • 짐 싸기 파티 169 • 29일 프로젝트 172 • 필요와 욕구를 구별하는 법 176

🏠 9장. 인생을 바꿔줄 10가지 작은 습관

잡동사니 격파하기 183 • 지갑에도 휴식을 186 • 텔레비전의 유혹 189 • 선물 시즌에 이성을 잃지 않으려면 191 • 기쁨도 훈련을 통해서 193 • 욕구를 줄이는 것 196

🏠 10장. 작은 삶의 동반자, 가족

작은 삶의 동반자 203 • 젤리 틀 대참사 206 • 작은 삶을 사는 꼬맹이 208 • 다 가져서 불행한 아이 212 • 10대 자녀와 소통하는 법 214 • 작은 삶을 사는 학생 218 • 사람이 먼저다 220

11장. 의미 있는 삶을 향한 지름길

대실패로 끝난 벼룩시장 229 • 잡동사니를 처분하는 완벽한 방법 231 •
결혼반지의 기적 234 • 작은 삶의 배당금 236 • 나눔 키우기 238 • 시간을
투자하라 241 • 베푸는 삶의 행복 243

12장. 목적이 있는 삶

바쁜 일상에 중독된 사람들 251 • 일상을 단순하게 정리하는 법 253 • 외
모에 대한 지나친 투자 255 • 몸은 의지의 도구다 258 • 생일선물로 받은
헬스클럽 카드 260 • 인간관계도 정리정돈을 261 • 일방적인 우정도 소
중히 263 • 완전하게 작은 삶 265

13장. 행복이 말을 걸어오다

최고의 삶을 선택할 자유 271 • 역설 너머의 역설 274 • 작은 삶의 결과물
276 • 긍정적인 영향력 278 • 줄일수록 풍성해지는 삶 280

감사의 글 282

1장 ─ 작은 삶을 산다는 것

"내가 많은 집을 가졌다면 훨씬 불행했을 것이다.

나는 필요한 모든 것을 가진 만큼, 더 이상 소유는 필요 없다."

___ **워렌 버핏**(버크셔 해서웨이 회장)

2008년의 전몰장병 기념일(5월 마지막 주 월요일) 주말은 화창한 날씨를 예고했다. 그맘때 버몬트에서는 흔치 않은 일이었다. 그래서 아내 킴Kim과 나는 그 주 토요일에 장을 보고, 볼일을 처리하고, 밀린 집안일을 하기로 했다. 차고에서부터 봄맞이 대청소를 시작하자는 원대한 주말 계획을 세웠다.

토요일 날이 밝자 나는 아들 세일럼Salem만 일찌감치 깨워서 달걀과 베이컨을 먹였다. 든든하게 아침을 먹고 나면 녀석도 아빠를 도울 생각이 나지 않을까 싶었기 때문이다. 이제 와 돌이켜보면 어째서 다섯 살짜리가 차고 청소에 열의를 보일 거라고 생각했는지 모르겠지만 아무튼 나의 바람은 그랬다. 아침식사를 마친 우리는 차고로 갔다.

두 대의 차를 넣을 수 있는 우리 집 차고는 늘 그렇듯 잡동사니로 가득했다. 층층이 쌓아놓은 상자들은 선반에서 떨어지기 일보직전이었다. 자전거들은 서로 뒤엉켜 벽에 기댄 채 세워져 있었다. 한쪽 구석에는 둘둘 말린 정원 호스가 방치돼 있고 갈퀴, 삽, 빗자루가 온 사방을 장식하고 있었다. 어떨 때는 차고를 가득 채운 잡동사니들 때문에 몸을 옆으로 돌린 채 차를 타고 내려야 했다.

내가 말했다. "세일럼, 우리 이렇게 하자. 차고가 겨울 동안 너무 어지럽혀져서 여기 있는 물건들을 일단 전부 밖으로 꺼내야겠어. 호스로 바닥을 깨끗하게 청소한 다음 물건들을 정리해서 다시 넣자. 알겠지?"

아이는 내가 한 말을 모조리 알아들은 척 고개를 끄덕였다.

나는 한쪽 구석에 놓인 플라스틱 통을 가리키며 세일럼에게 끌고 나가라고 했다.

그런데 하필이면 그 안에 세일럼의 여름용 장난감이 가득 들어 있었다. 빤한 시나리오겠지만 몇 달 동안 보지 못했던 장난감과 재회한 순간 아들이 세상에서 가장 하기 싫은 일이 나를 도와 차고를 청소하는 것이 되어버렸다. 아이는 이미 구멍이 뚫린 플라스틱 공과 방망이를 들고 마당으로 향하고 있었다.

나가다 말고 아이가 걸음을 멈추었다. "아빠, 같이 놀래요?"라고 희망 어린 표정으로 나를 바라보며 물었다.

"미안, 아들. 지금은 안 돼." 나는 말했다. "하지만 청소 끝나자마자 같이 놀자. 약속할게."

나는 쓰린 속을 달래며 세일럼의 갈색 머리가 차고 모퉁이 너머로 사라지는 것을 바라보았다.

청소는 오전 내내 끝도 없이 이어졌고 내가 세일럼과 함께 뒷마당에서 같이 놀 수 있는 가능성은 점점 줄어들기 시작했다. 차고에서 일을 한 지 몇 시간이나 지났을까, 킴이 점심 먹으라며 세일럼과 나를 불렀다.

점심을 먹고 청소를 마저 하려고 밖으로 나와 보니 옆집에 사는 준June이 자기 집 마당에서 꽃을 심고 꽃밭에 물을 주고 있었다. 준은 머리가 희끗희끗하고 상냥한 미소가 일품인 나이 지긋한 아주머니였고 우리 가족에게 항상 관심이 많았다. 나는 그녀를 향해 손을 흔들고 다시 일을 시작했다.

그 무렵 나는 오전에 밖으로 꺼낸 물건들을 깨끗이 닦아서 정리하려고 애를 쓰는 중이었다. 너무 힘들었고, 처음에 예상했던 것보다 훨씬 시간이 많이 걸렸다. 요 며칠 동안 물건을 정리하느라 짜증이 났던 게 생각났다. 그런데 또 이러고 있다니! 뒷마당에서 놀던 세일럼이 계속 찾아와 뭘 물어보거나 같이 놀자고 조를 때마다 더 죽을 맛이었다. 나는 번번이 "거의 다 끝났어, 세일럼."이라고 대답할 수밖에 없었다.

준은 내 행동과 말투에서 풍기는 좌절감을 알아차렸을 것이다. 중간에 서로 지나칠 때 그녀가 냉소적인 말투로 중얼거렸다. "아, 집 가진 자의 즐거움이여." 그녀는 집을 관리하느라 거의 온종일 종종거리고 다녔다.

나는 대답했다. "다들 그러잖아요. 가진 게 많아질수록 점점 가진 것의 노예가 된다고."

　그런데 그녀가 다음에 한 말이 내 인생을 바꿔놓았다. "맞아요. 그래서 우리 딸이 미니멀리스트로 지내요. 개도 나한테 계속 그래요, 이 많은 걸 다 이고지고 살 필요는 없다고."

　'이 많은 걸 다 이고지고 살 필요는 없다.'

　고개를 돌려 오전을 할애한 노동의 결실을 바라보는데 이 문장이 머릿속에서 울려퍼졌다. 지저분하게 먼지를 뒤집어쓴 물건들이 차고 밖에 잔뜩 쌓여 있었다. 뒷마당에서 계속 혼자 놀고 있는 아들이 문득 시야에 들어왔다. 이 두 장면이 나란히 내 심장을 파고들었고 나는 그동안 느꼈던 불만의 근원이 뭐였는지 난생 처음으로 깨달았다. 바로 차고 밖에 쌓여 있는 그 잡동사니들이었다.

　소유가 곧 행복을 의미하지 않는다는 거야 진작부터 알고 있었다. 누구든 그렇지 않을까? 적어도 우리는 물질적인 것이 진정한 충족감을 가져다주지 않는다는 건 알고 있다고 주장한다. 하지만 차고 밖에 쌓여 있는 잡동사니를 바라보던 바로 그 순간, 또 하나의 깨달음이 나를 강타했다. 소유를 통해 행복을 느끼지 못하는 정도가 아니라 그로 인해 행복의 근원에서 점점 멀어지고 있다고!

　집안으로 달려 들어가 보니 아내는 2층에서 욕조를 닦고 있었다. 나는 숨을 헐떡이며 말했다. "킴, 방금 전에 무슨 일이 벌어졌는지 알아? 준이 그러는 거야, 이 많은 걸 다 이고지고 살 필요는 없지 않냐고."

바로 그 순간 '작은 삶'을 사는 가족이 탄생했다.

작은 삶의 전도사

그 주말에 킴과 나는 뭘 없애면 삶이 단순해지고 정말로 중요한 부분에 집중할 수 있을지 의논했다. 그리고 필요 없는 물건들을 팔고, 기증하고, 버리기 시작했다. 6개월 동안 잡동사니의 50퍼센트를 처분했다. 그리고 작은 삶의 장점을 금세 간파한 우리는 좀 더 단순하고 목적의식이 충만한 생활방식을 모두에게 전파할 방법을 연구하기 시작했다.

나는 어찌나 흥분이 됐던지 전몰장병 기념일 주말이 끝나갈 무렵, 양가의 가족들도 우리의 변화 과정을 함께 할 수 있도록 〈작은 삶을 사는 법Becoming Minimalist〉이라는 이름의 블로그를 개설했다. 처음 그 블로그는 온라인 일기에 불과했는데 놀라운 일이 벌어졌다. 모르는 사람들이 블로그를 읽고 친구들에게 소개하기 시작한 것이다. 구독자 수가 수백을 거쳐 수천, 수십 만 명으로 발전했고 그 숫자는 계속해서 빠른 속도로 늘어났다.

나는 계속 이런 생각이 들었다. 이게 어떻게 된 걸까? 이게 어떤 의미일까? 이 블로그가 내 운명에 중요한 역할을 할 것 같은 예감이 느껴졌다.

소유를 줄이는 구체적인 방법을 묻는 이메일과 언론사의 문의, 강의 요청이 들어오기 시작했다. 작은 삶을 전파하는 것은 곧 나의 열정 사업이 되었다. 배경과 종교에 관계없이 전 세계 사람들이 더 나은 삶을 살 수 있도록 도울 수 있다는 중요한 교훈이 담겨 있었다. 어쩌면 작은 삶을 전파하는 것을 본업으로 삼아야 할지 모르겠다는 생각이 들었다.

2012년에는 시험 삼아 애리조나로 거처를 옮겨 2년 가량 새로운 직업의 기반을 다져보기로 마음먹었다. 그곳에서 나는 작은 삶의 장점을 전파하는 전도사로 변신할 수 있었다.

지금 그 블로그는 어느 때보다 견고해졌고 방문하는 독자수는 매달 100만 명을 넘어섰다. 나는 정기 소식지를 발간하고 책도 몇 권 출간했다. 지속 가능성을 논의하는 컨퍼런스, 정리정돈 전문가 지부회, 기업 행사 등의 모임에서 강연을 해달라는 요청도 갈수록 늘고 있다. 작은 삶을 주제로 함께 이야기를 나눌 기회가 계속 늘어나고 있다.

나는 '차고 청소 사건' 이후 몇 년 동안 작은 삶에 대해 많은 것을 터득했고 그 중 알짜를 추려 이 책에 담았다. 이 책을 통해 나는 작은 삶을 살기로 한 첫날 내 머리를 강타한 깨달음을 계속 강조하게 될 것이다. 과도한 소유가 우리에게 행복을 선물하지는 않는다는 것. 오히려 그로 인해 행복의 근원에서 점점 멀어진다는 것. 중요하지 않은 것을 포기하면 정말로 중요한 것을 추구할 수 있는 여유가 생긴다는 것 등을 말이다.

이것은 소유를 늘리는 데 과도하게 집착하는 우리 사회에 절대적으로 필요한 메시지다. 그리고 나는 이 메시지가 모든 이들에게 새로운 삶과 더 큰 즐거움을 선물할 거라고 믿는다.

당신의 옷장이 넘쳐나는 이유

윌 로저스Will Rogers는 이런 말을 한 적이 있다. "좋아하지도 않는 사람들 앞에서 으스대려고 원하지도 않는 물건을 사는 데 아직 벌지도 않은 돈을 쓰는 사람들이 너무 많다." 그의 분석은 애초에 그가 얘기를 꺼냈을 때보다 요즘 시대에 더 들어맞는다. 아마 전 세계의 부유한 국가마다 상황은 비슷하겠지만 내가 사는 미국을 예로 들어보겠다.

오늘날 미국인들은 50년 전보다 2배 더 많은 물품을 소비한다. 그 기간 동안 미국인들이 거주하는 주택의 크기는 평균 3배가 증가했고, 오늘날 일반적인 가정에는 약 30만 개의 물건이 있다. 대체로 집집마다 가족 구성원 수보다 텔레비전의 개수가 더 많다. 그리고 미국동력자원부의 보고서에 따르면 잡동사니 때문에 차를 2대 넣을 수 있는 차고에 차를 주차하지 못하는 가정이 25퍼센트, 1대만 주차할 수 있는 가정이 32퍼센트라고 한다. 잡동사니를 보관할 공간을 마련해주는 정리정돈 사업이 80억 달러(약 8조 5천억 원) 규모의 시장으로 발전했고 매년 10퍼센트의 성장률을 보이고 있다. 10가구당 1가구가 창고를 임대하고, 이 창고 임대업이야말로 지난 40년 동안 상업용 부동산 분야에서 가장 급속도로 성장한 산업이 되었다.

그러니 우리는 개인 부채로 골머리를 앓을 수밖에 없다. 일반 가정의 신용카드 부채는 평균 15,000달러를 넘어섰고, 주택 대출은 150,000달러가 넘는다.

단순한 통계수치의 전달은 이쯤에서 접도록 하겠다. 우울한 분위기를 조장하는 것이 내 목적은 아닌데다 통계자료와 연구결과가 없어도 당신은 이미 뭐가 되었건 너무 많다는 사실을, 매일 집안을 돌아다닐 때마다 확인하고 있을 것이다. 당신이 사는 공간이 온갖 잡동사니들로 넘쳐나게 생겼다는 것을 말이다. 바닥은 발 디딜 틈이 없고 옷장은 터질 지경이다. 서랍은 넘치려고 하며 심지어 냉장고마저 넣고 싶은 식료품을 전부 감당하지 못한다. 집안의 모든 수납장은 항상 공간이 부족하다.

그렇지 않은가. 당신은 집안의 잡동사니 대부분이 좋아하는 물건이라 해도 너무 많아 일부라도 처리하고 싶다는 생각을 한 번쯤은 해봤을 것이다. 하지만 어떻게 하면 그냥 놔둬야 할 것과 처분해도 되는 것을 구분할 수 있을까? 어떻게 하면 불필요한 물건들을 하나씩 제거할 수 있을까? 언제쯤이면 적당한 지점에 도달했다는 것을 알 수 있을까?

어쩌면 당신은 집안 정리의 비법이 담겨 있기를 바라며 이 책을 집어 들었을지 모른다. 장담하지만 이 안에는 그런 비법은 물론 더 많은 이야기가 들어 있다. 나는 어떻게 하면 수많은 잡동사니 밑에 숨겨져 있던 당신이 원하는 삶을 찾을 수 있는지 보여줄 것이다. 이것이 '풍성해지는' 법에 방점을 찍은 '줄일수록 풍성해지는' 철학이다.

그 덕분에 집만 깨끗해지는 게 아니라 삶의 만족도가 높아지고 의미가 깊어질 것이다. 작은 삶의 철학은 당신이 오래 전부터 찾아 헤맸던 더 나은 삶에 없어서는 안 될 열쇠다.

솔직히 고백하자면 나는 원대한 꿈을 품고 있다. 이 책을 통해 온 세상에 작은 삶의 즐거움을 소개하고 싶다는 꿈이다. 미국인들은 하루 평균 5,000건의 소비를 조장하는 광고를 접한다. 나는 소비를 자제하자고 외치는 대변인이 되고 싶다. 작은 삶을 통해 수천, 수백만 명의 인생이 달라졌을 때 이 세상이 누릴 수 있는 혜택은 얼마나 무궁무진해질까.

작은 삶의 ○
12가지 혜택

소유를 줄이는 데서 누릴 수 있는 기쁨은 소유를 추구하는 데서 오는 기쁨보다 훨씬 크다. 그런데 끊임없이 소비를 부추기는 세상에서 살다보면 그 사실을 망각하기 십상이다. 하지만 이 책에 소개된 '작은 삶의 원칙'을 실천하면 다음과 같은 혜택을 누릴 수 있다.

시간과 에너지 면에서 여유가 생긴다

물품을 사는 데 필요한 돈을 벌고, 검색해서 구입하고, 청소하고 정리하고, 수리하고, 다른 것과 교환하거나 중고로 파느라 쏟아 붓는 시간과 에너지가 얼마나 많은가. 따라서 소유를 줄일수록 좀 더 중요한 일에 할애할 수 있는 시간과 에너지가 늘어난다.

금전적인 여유가 생긴다

간단하다. 사는 물품을 줄이면 지출이 줄어든다. 애초에 사는 데 든

비용뿐 아니라 그걸 관리하고 유지하는 데 드는 비용까지 준다. 어쩌면 수입을 늘리기보다 소유를 줄이는 것이 경제적인 자유를 누리는 지름길인지 모른다.

좀 더 너그러워진다

물욕을 줄이고 비용이 적게 드는 생활방식을 유지하면 평소 관심 있던 사회운동을 금전적으로 지원할 수 있는 기회가 생긴다. 돈은 어떻게 쓰는가에 따라 가치가 달라지는 법이다. 재물을 축적하는 것보다 훨씬 보람 있게 돈을 쓸 수 있는 방법은 무궁무진하다.

좀 더 자유로워진다

소유의 도가 지나치면 우리는 육체적, 정신적, 금전적으로 물질의 노예가 된다. 잡동사니들은 거추장스럽고 운반하기가 어렵다. 우리를 정신적으로 짓누르기 때문에 마음이 무거워진다. 따라서 필요 없는 물품을 처분하면 좀 더 자유로워질 수 있다.

스트레스가 줄어든다

소유물이 하나 추가될 때마다 걱정이 늘어난다. 머릿속으로 두 개의 공간을 그려보자. 한쪽은 지저분하고 어지럽지만 다른 쪽은 깔끔하고 별다른 세간이 없다. 둘 중 어느 쪽에 있을 때 불안해질까? 어느 쪽에 있을 때 마음이 평온해질까? 잡동사니가 과하면 그게 곧 스트레스가 된다.

집중도가 높아진다

주변의 모든 것들은 우리에게 관심을 기울여달라고 아우성친다. 신경을 분산시키는 사소한 요소들이 점점 쌓일수록 중요한 일에 집중하기란 힘들어진다. 안 그래도 여기저기 신경 쓸 일들이 많은데 더 늘릴 필요가 있을까?

환경에 미치는 악영향을 줄일 수 있다

과소비는 천연자원의 파괴를 촉진한다. 소비를 줄일수록 환경 훼손이 감소하고 그로써 우리 아이들을 비롯해 모든 이가 혜택을 누릴 수 있다.

소유의 품격을 높일 수 있다

쓸데없는 물건에 들어가는 비용을 줄이면 필요한 물품을 좀 더 고급스러운 것으로 장만할 수 있는 기회가 늘어난다. '작은 삶'이 반드시 검소한 삶을 의미하는 것은 아니다. 많으면 많을수록 좋은 게 아니라 좋은 것을 갖출수록 좋은 거라는 삶의 철학이다.

아이들에게 훌륭한 본보기가 될 수 있다

아이들이 부모한테서 가장 많이 듣는 말이 뭘까? "사랑해"일까? 아니면 "저거 사고 싶다", "세일한대", "우리 쇼핑하러 가자"일까? 과소비를 권장하는 이 사회에 맞서 싸울 수 있는 무기를 아이들에게 마련해주어야 한다.

제3자가 감당해야 하는 일이 줄어든다

잡동사니를 정리하고 줄이지 않으면 우리가 죽거나 스스로 건사할 수 없는 지경에 이르렀을 때 제3자(아마도 가족)가 그 일을 맡아야 한다. 작은 삶을 추구하면 그 사람의 짐을 덜어줄 수 있다.

비교할 일이 줄어든다

우리는 천성적으로 주변 사람들과 자신을 비교하게 되어 있다. 거기에 양으로 남들을 압도하고 싶은 내재된 욕망이 합쳐지면 윌 로저스가 말한 것 같은 재앙을 예약한 거나 다름없다. 소유를 자제하는 것만으로도 비교라는 승산 없는 게임에서 빠져나올 수 있다.

만족감이 높아진다

우리는 갖지 못하면 불행할 것 같은 상품을 장만하면 불만을 해소할 수 있다고 생각하는 경향이 있다. 하지만 물질적인 소유로는 정신적인 욕구를 절대 해소할 수 없다(뭘 사고 나면 항상 새로운 불만이 고개를 드는 이유도 그 때문이다). 쟁이고 쟁이고 또 쟁이는 악순환을 끊어야 삶이 불만족스러운 진짜 원인을 파악할 수 있다.

시간과 돈은 여유로워지고, 스트레스는 줄어들며 집중도는 높아지고, 좀 더 자유로워지는 등 솔깃하지 않은가. 나는 앞으로 이 책에서 어떻게 하면 이런 혜택을 누릴 수 있는지 좀 더 자세하게 설명할 것이다.

누구나 누릴 수 있는 이런 혜택을 목표 삼아 작은 삶을 추구해도 상관없다. 하지만 그게 다가 아니다. 작은 삶에는 개인 맞춤형 혜택도 있다. 불필요한 부분을 제거하는 것이야말로 원하는 삶을 가꾸어 나가는 첫 걸음이다.

당신이 진짜 원하는 것

작은 삶을 선택하는 순간 내면의 간절한 욕구를 추구할 여지가 생긴다. 잡동사니를 줄이면 의미 있는 활동에 할애할 수 있는 시간이 늘어나고, 여행의 자유가 생기며, 가장 절실한 문제를 해결할 수 있는 정신적 여유가 생긴다. 관심이 있는 사회운동을 금전적으로 지원할 수 있으며 가장 원하는 직종을 더욱 유연하게 추구할 수 있다.

나로 말할 것 같으면 작은 삶을 통해 다른 사람들에게도 간소한 생활방식의 장점을 소개하고 싶은 욕구를 해소할 수 있었다. 많은 사람들에게 준이 그랬던 것처럼 이웃사촌의 역할을 할 수 있었다. 준을 통해 작은 삶을 알게 되고, 그걸 다른 사람들에게 전파할 기회가 생겨서 고마울 따름이다.

내가 작은 삶을 통해 개인적으로 거둔 가장 큰 소득이 있다면 인간관계가 발전했다는 것이다. 무엇보다 직계가족과 친척, 친구들과 보내는 시간이 많아져 좋다. 정기적으로 교회 봉사활동에 참여해 예전에 사역자로 했던 일을 지금은 자원봉사자의 입장에서 하고 있기도 하다.

얼마 전에는 이 책의 계약금으로 아내와 함께 '호프 이펙트The Hope Effect'라는 비영리재단을 설립할 수 있었다. 가정환경과 비슷한 고아 돌봄 시스템을 구축해 전 세계 보육원의 환경을 바꾸어놓자는 것이 이 재단의 취지다. 이 재단을 설립하고 싶다는 생각이 들었을 때 아내와 나는 서로에게 얘기했다. "안 될 것도 없잖아? 우리 능력 안에서 뭔가 의미 있는 일을 해보자." 우리는 작은 삶으로 인해 경제적인 부담이 크지 않았기 때문에 저지를 수 있었다. 이 프로젝트에 대해서는 나중에 자세히 소개하기로 하겠다.

내 삶이 증거다. 불필요한 잡동사니를 제거했더니 좋아하는 일에 관심을 기울일 수 있는 기회가 두 배로 늘었다. 그 결과 만족도는 기하급수적으로 상승했다. 어쩌면 당신이 원하는 삶도 수많은 잡동사니 아래에 묻혀 있을지 모른다!

당신이 이루지 못한 가장 큰 꿈은 무엇인가? 소유를 최소한으로 줄여 꿈을 즐기고, 추구하고, 이뤄내고 싶은가? 사랑하는 사람들과 더욱 깊이 있는 관계를 맺고 싶은가? 넓은 세상을 구경하고 싶은가? 예술작품을 만들고 싶은가? 체력을 기르고 싶은가? 경제적인 안정을 이루고 싶은가? 의미 있는 사회운동가로 활동하고 싶은가?

이 책을 읽는 동안 그 꿈을 마음속 깊이 새겨두기 바란다. 그것이 내가 이 책에서 강조하고자 하는 부분이다. 이 책의 주제는 단순히 소유를 줄이자는 게 아니다. 좀 더 의미 있는 삶을 살자는 것이다!

변화를 이끄는 씨앗

내가 언뜻 소개한 앞으로의 내용을 듣고 여러분의 가슴이 뛰었으면 좋겠다. 나는 작은 삶의 기본 철학과 실천 방안, 양쪽 모두에 대해 하고 싶은 이야기가 많다. 여러분이 나중에 되돌아보며 이 책 덕분에 인생이 완전히 바뀌었다고 생각할 수 있었으면 좋겠다. 다 읽고 나서 주변 사람들에게 빌려줄 수 있었으면 좋겠다.

먼저 짚고 넘어가자면 이 책은 내가 어떤 식으로 작은 삶을 살게 됐는지 소개하는 체험기가 아니다. 물론 내 경험담을 일부분 공개할 테고 그 사례를 통해 당신도 영감을 얻었으면 좋겠지만 이 책의 주체는 내가 아니다. 바로 '당신'이다. 소유를 줄이는 즐거움이다. 인생을 발전시키는 방향으로 작은 삶을 실천하는 방법이다.

의식적으로 작은 삶을 추구하는 다른 사람들의 사례도 소개할 것이다. 그들도 대부분 예전에는 당신과 다를 것 없는 상황이었으니 그들이 어떤 식으로 소비주의적인 성향과 결별을 선언했는지 참고하면 작은 삶의 여정을 시작할 때 좋은 영감과 아이디어를 얻을 수 있을 것이다. 예를 들어…….

- 페인트가 살짝 벗겨진 창틀을 보고 작은 삶을 실천하기 시작한 트로이
- 집을 사지 않고 전 세계를 여행하기로 결심한 애넷
- 작은 삶을 살기 시작하자 창의적인 욕구와 봉사를 향한 열망이 샘솟은 데이브와 셰릴
- 1,000개의 세간을 처분해 스스로도 놀란 마고
- 삶의 스트레스를 줄임으로써 질병의 진행 속도를 늦춘 커트니

- 모든 잡동사니를 상자에 담고 필요한 것만 꺼낸 라이언
- 1년 동안 새 옷을 사지 않기로 결심한 이후 쇼핑 중독을 끊은 새라
- 15살 때 자기만의 작은 삶의 철학을 수립한 제시카
- 가장 애지중지하던 결혼반지를 포기함으로써 지구 반대편 사람들의 인생을 변화시킨 앨리

전 세계 사람들을 만나 소유를 줄인 삶의 장점에 대해 대화를 나눈 내 경험을 근거로 단언하건대 작은 삶의 철학은 모든 사람들을 변화시킬 수 있다. 내가 이 책을 통해 여러분에게 그것을 증명해 보일 생각이다. 씨앗이 그렇듯 이 책에 담긴 메시지도 단순하지만 성장의 기운을 가득 머금고 있다.

모퉁이 너머
새로운 세상

○

나는 2008년의 노동절을 기억한다. 하늘은 맑고 날은 따뜻해 차고를 청소하려다 좌절했던 3개월 전의 그날과 비슷했다. 하지만 이 날은 아내와 내가 해야 할 집안일이 거의 없었다. 아직 정리가 완전히 끝나지 않았음에도 예전처럼 집안을 종종거리며 분주하게 일을 할

필요가 없었다. 그래서 우리 가족은 좋아하는 취미생활을 하며 마음껏 하루를 보냈다. 집 근처의 숲속 오솔길을 걸었고, 베란다에서 여유롭게 점심을 먹었고, 아이들에게 그네를 태워주었다.

초저녁에는 세일럼과 함께 우리 집 앞의 조용한 길거리로 나갔다. 아이는 자전거 타는 법을 배우는 중이었다. 나는 아빠로서 더할 나위 없이 뿌듯해하며 헬멧을 똑바로 씌우고, 뒤에서 밀어 출발시키고, 넘어지지 않도록 붙잡고 자전거를 따라 부지런히 달렸다. 아이가 요령을 제대로 터득하고 있는 것을 보고 있자니 그렇게 기쁠 수가 없었다.

나는 집으로 들어가기 전에 세일럼에게 혼자서 자전거를 타고 동네를 한 바퀴 돌 수 있겠느냐고 물었다. 나도 자전거를 타고 따라가겠다고 했다. 둘이 처음으로 맛보는 합동 라이딩이었다.

앞서 달리는 아이의 뒤를 따라 모퉁이를 돌았을 때 마당에 나와 있는 이웃사촌이 보였다. 그는 지친 얼굴로 짜증을 내고 씩씩대며…… 차고를 청소하고 있었다!

나는 혼자 빙그레 웃었다. 나중에 적당한 기회가 찾아오면 내가 그에게 인생이 뒤바뀔 만한 깨달음을 전할 수 있을 것이다. 그 많은 걸 다 이고지고 살 필요는 없다고 말이다.

2장 ─ 소중한 것에 집중하라

"행복은 원하는 것을 손에 넣는 것이 아니라

지금 갖고 있는 것을 원하는 상태다."

___ 하이만 샤하텔(랍비)

'작은 삶'이라는 단어를 들으면 어떤 생각이 떠오르는가?

대다수의 사람들은 금욕주의, 아무것도 없는 새하얀 벽, 가구가 없기 때문에 바닥에 앉아 있는 사람……뭐 대부분 이런 이미지를 떠올릴 것이다. 결핍을 위한 결핍 훈련처럼 느껴질 수도 있다. 이 얼마나 재미없고 무미건조한가! 누가 그런 삶을 살고 싶을까?

미리 강조하자면 내가 얘기하는 작은 삶은 절대 그런 게 아니다!

나에게 있어 '작은 삶'은 그와 정반대다. 자유이고 평화이며 즐거움이다. 새로운 가능성을 담을 수 있는 열린 공간이다. 내가 원하는 삶을 살지 못하도록 신경을 분산시키는 요소들을 모두 제거한 정말로 '속 시원한' 공간이다.

나는 작은 삶, 그 자체보다 가장 바람직한 삶을 살 수 있는 소유의 수준을 찾을 수 있도록 돕는 데 더 관심이 많다. 선진국의 경우 98퍼센트의 사람들이 필요한 것 이상의 과도한 짐들을 짊어지고 산다. 그렇기 때문에 우리는 현실적인 측면에서 작은 삶의 기술을 배워야 한다.

이걸 감안했을 때 내가 생각하는 작은 삶의 정의는 다음과 같다.

작은 삶: 우리가 가장 소중하게 여기는 것들을 의도적으로 추구하고, 거기에 집중할 수 없게 만드는 것들은 제거하는 삶

작은 삶의 묘미는 뭔가를 없애는 데 있지 않다. 변화를 통해 누릴 수 있는 혜택 속에 작은 삶의 묘미와 무궁무진한 가능성이 담겨 있다.

트로이 쿱스키Troy Koubsky는 내 말에 동의할 것이다.

희망의
첫 걸음

트로이가 얘기했다. "내가 요즘 작은 삶을 살게 된 이유는 집 색깔 때문이었어요."

나는 한 번도 들어본 적 없는 이유였기 때문에 그게 무슨 소리인지 설명해달라고 했다. 트로이는 빨간 머리에 바짝 깎은 빨간 수염을 가진 큰 키의 40대 남자였다. 우리는 미니애폴리스에서 열린 〈단순하게 살기 컨퍼런스〉에서 만난 사이였다.

트로이는 몇 년 전 함께 비용을 분담한다는 전제로 친구와 집을 구입했다. 그런데 사정이 생기면서 친구가 이사를 나가게 되었다. 트로이는 새로운 룸메이트를 찾는 대신 투잡으로 수입을 늘려 혼자 대출금을 감당하는 쪽을 선택했다.

"결국에는 삶이 피폐해지기 시작했죠. 수입은 늘었지만 시간은 급격히 줄었거든요. 게다가 남는 수입을 단 한 푼도 저금할 수가 없었어요. 전부 대출을 갚는 데 써야 했으니까요."

우울한 시간들이 이어졌다. 트로이는 그때부터 뭘 사들이고 쟁여두는 것으로 허전한 마음을 달래기 시작했다. 곧 벼룩시장과 염가 세일 코너에 중독됐다. "돌이켜보면 그때 나는 내 자신과 내가 사는 공간에 무슨 짓을 저지르고 있는지 전혀 모른 채 폭주하고 있었어요. 그러던 어느 날 창틀에서 칠이 벗겨지고 있다는 걸 알게 됐죠."

트로이는 회사에서 점심시간에 컴퓨터로 페인트 색상을 검색하기 시작했다. 색상이 어찌나 다양한지 판단력이 마비될 정도였다.

그런데 스크롤을 내리던 중 다른 사진들과 완전히 색다른 장면을 만나게 되었다. 고작 몇 평밖에 안 돼 보이는 초소형 이동식 주택의 사진이었다. 앞마당에는 한가히 노니는 닭들도 보였다.

트로이는 호기심을 느꼈다. 몇 번의 클릭이 그를 의식적으로 소유를 줄이고 작은 집에서 사는 사람들의 세상으로 인도한 것이다. 그것이 그의 작은 삶을 향한 여정의 첫 걸음이었다.

그는 지금 살고 있는 집을 좀 더 살만한 곳으로 만드는 것을 당면과제로 정했다. 이후 한 달 동안 그는 1,389개의 세간을 처분했다. 여름이 끝났을 무렵에는 정리한 물품의 숫자가 3,000개를 넘어섰다.

트로이는 얘기했다. "사놓은 걸 처분하기가 쉽지만은 않았지만 그래도 내가 원하는 과정이자 내게 필요한 과정이었죠. 나는 한참 동안 쪼들리며 지냈어요. 그래서 단순하게 살 필요가 있었죠. 빚에서 탈출하고 내 인생을 어지럽히는 잡동사니를 정리할 필요도 있었고요. 하지만 가장 필요했던 건 희망이에요. 지금과 다르게, 더 바람직하게 살 수 있다는 희망. 작은 삶이 내게 그런 희망을 선물했어요."

그렇다. 작은 삶의 묘미는 버리는 것이 아니라 이를 통해 누리는 것이다. 우리가 가장 소중하게 여기는 것들을 의도적으로 추구하고 거기에 집중할 수 없게 만드는 것들은 제거하는 것이다. 우리에게 희망을 가득 선물하는 새로운 삶의 방식이다.

사람들의 착각 1. 작은 삶을 위해서는 모든 걸 포기해야 한다

작은 삶을 선택하면 모든 걸(또는 거의 모든 걸) 내다버려야 하는 것 아니냐고 생각하는 사람들이 있다. 그건 전혀 아니다. 소유를 줄이자는 것일 뿐, 결코 무소유를 지향하는 것이 아니다.

우리 집에 손님이 놀러온다면 처음에는 작은 삶을 추구하는 가족이 사는 집인지 모를 수도 있다. 우리 집 거실에는 4인용 소파, 가족사진, 러그, 커피테이블, 텔레비전이 있다. 옷장에는 재킷, 야구모자, 방한용품이 들어 있다. 아이들 방에는 온갖 책과 만들기 용품이 있고 벽장에는 장난감이 들어 있다.

우리가 작은 삶을 추구하기는 하지만 그래도 살아 숨 쉬고 생활하는 인간이다. 생활을 하려면 소비를 할 수밖에 없다. 때문에 소유물이 있는 것은 당연하다. 다만 넘치게 사서 쌓아놓지 않으려고 열심히 노력할 뿐이다.

나는 가끔 '이성적인 작은 삶' 아니면 '전략적인 작은 삶'이라는 표현을 쓴다. 나는 가능한 한 모든 걸 처분하자고 주장하지 않는다. 삶의 목표를 제대로 추구할 수 있도록 불필요한 것들을 처분하면 어떻겠느냐고 권할 따름이다.

나는 정신적인 풍요로움과, 사람들과 더불어 사는 삶을 무엇보다 중요하게 생각한다. 내게는 작은 삶이 그걸 충족시키는 수단이다. 작은 삶을 살면 신경을 분산시키는 요소가 사라지기 때문에 삶의 우선순위가 확연해진다. 때문에 내 목적에 부합하지 않는 잡동사니들은 가차 없이 처분하고 내가 원하는 삶에 도움이 되는 물건들은 가까이 두고 마음껏 쓸 수 있다. 거기에 전혀 죄책감을 느끼지 않는다.

여러분도 작은 삶의 길을 걷기로 결심했다면 무소유를 고집하는 실수를 저지르지는 않길 바란다. 결코 삶의 목적에 부합하는 물건들까지 처분할 필요는 없다.

물론 정리정돈도 중요하다. 하지만 그게 곧 작은 삶은 아니다.

잉여를 해결하지 않은 단순한 정리정돈은 임시방편에 불과하다. 게다가 똑같은 과정을 몇 번이고 반복해야 한다. 나처럼 작은 삶을 살고 있는 친구 커트니 카버Courtney Carver는 딱 잘라서 얘기한다. "정리정돈이 효과가 있었다면 진작 잡동사니 문제가 해결되지 않았겠어?"

정리정돈은 기본적으로 자리를 바꾸는 것에 불과하다. 오늘은 보관할 공간이 있을지 몰라도 내일이면 당장 새로운 공간을 찾아야 한다. 게다가 세간을 처분하지 않고 정리정돈만 하는 데에는 몇 가지 단점이 있다.

- **정리정돈은 어느 누구에게도 도움이 되지 않는다** 주변에 잘 활용할 사람이 있는데도 거의 쓰지 않는 물건을 집안에 쟁여두면 어느 누구에게도 득이 되지 않는다.
- **정리정돈으로는 부채를 해결할 수 없다** 정리정돈으로는 과소비라는 근본적인 문제를 해결할 수 없다. 사실 물건을 정리하려면 수납용품을 장만하거나 집을 넓혀 이사를 가야 하기 때문에 출혈이 생기는 경우가 더 많다.
- **정리정돈으로는 우리의 물욕을 잠재울 수 없다** 잡동사니들을 상자나 붙박이장에 정리하는 이유는 결국 쌓아놓으려는 집착을 버리지 못하기 때

문이다. 따라서 소유에서 행복을 찾으려는 우리 사회의 분위기를 바로잡는 데 아무 도움이 되지 못한다.

- **정리정돈으로는 우리의 삶을 점검할 수 없다** 잡동사니들을 정리하면 뭐가 있는지 파악할 수 있을지 몰라도 그게 필요한지 따져보게 되지는 않는다. 상자에 쑤셔 넣고 뚜껑을 덮으면 또다시 기억 속에서 사라질 뿐이다.

- **정리정돈으로는 다른 변화를 유발할 수 없다** 정리정돈을 하면 방이 좀 더 깨끗해지기 때문에 잠깐 기분이 좋아질지 몰라도 실질적인 생활방식은 거의 달라지지 않는다. 여전히 집은 너무 작게, 수입은 너무 적게 느껴지고, 하루 24시간이 부족할 것이다. 잡동사니는 정리했을지 몰라도 삶을 정리한 건 아니기 때문이다.

반면에 집안의 잡동사니를 처분하면 마음가짐이 달라지고 삶이 달라진다. 게다가 정리정돈처럼 계속 반복해야 하는 임시방편이 아니라 영구 해결책이다. 처분한 물건은 영영 볼일이 없다.

정리정돈이라도 하는 게 아무것도 안 하는 것보다 낫긴 하다. 하지만 물건을 처분하고 작은 삶을 추구하는 편이 훨씬 낫다.

작은 삶의
역사

○

역사의 검증을 받은 삶의 지혜와 현인들도 소유에 대한 이런 식의 접근을 지지한다.

나는 아내와 함께 잡동사니를 처분하며 집안을 비우기 시작했을 때 입버릇처럼 이렇게 얘기했다. "이거 끝내준다. 소유를 줄이는 게 이렇게 자유로울 줄이야! 왜 지금까지 나한테 이런 얘기를 해준 사람이 없었지?"

하지만 이내 입을 다물었다. 정말로 내게 작은 삶의 장점을 얘기해준 사람이 없었을까? 내가 한 귀로 듣고 한 귀로 흘렸던 건 아닐까?

찾아보니 내가 실천하고 있는 작은 삶은 전혀 새로운 운동이 아니었다. 불리는 호칭만 다를 뿐 수천 년 전부터, 그러니까 지금처럼 상품이 대량생산되고 근교가 발달하고 심지어 산업혁명이 시작되기 훨씬 전부터 실천된 생활방식이었다. 어떤 경제상황에서든 작은 삶은 가치 있는 생활방식으로 장려되고 있었다.

헨리 데이비드 소로Henry David Thoreau와 존 러스킨John Ruskin처럼 현대에 들어서 이와 같은 생활방식을 권장함으로써 유명해진 인물들도 있다. 심지어 그들은 '작은 삶(미니멀리즘) 운동의 아버지'라고 불린다. 하지만 이러한 삶의 태도는 그들보다 훨씬 이전에 시작된 운동이다. '미니멀리즘'이라고도 불리는 '작은 삶'은 요즘 들어 다시 인기를 얻었을지 몰라도 새로운 유행은 전혀 아니다.

'자발적 단순함'이라는 용어를 대중화시켰다는 평가를 받는 두에인 엘진Duane Elgin은 내게 이런 이야기를 했다. "나는 단순한 삶의 진가를 간파한 예수, 부처, 기타 여러 위대한 현인들과 더불어 수천 년 전에 시작된 이 운동의 몇 십대손이에요. 달라진 건 단순한 삶의 진가가 아니라 그걸 둘러싼 시대 상황이죠."

단순한 삶은 예전부터 우리에게 자유와 희망과 목적의식을 부여했다. 정신적으로 성숙한 인간, 소비의 주체에 머물지 않는 인간으로 살아갈 수 있는 능력을 부여했다. '작은 삶'은 상품의 과잉생산에 대응해 새롭게 등장한 삶의 방식이 아니다. 오히려 가장 믿음직한 정신적인 지도자들이 몇 세기 전부터 장려한 진정한 삶의 방식이다.

21세기의 방랑족, 디지털 노마드

애넷 가틀랜드Annette Gartland는 주로 동남아시아에서 활동하는 아일랜드 출신의 프리랜서 기자다. 그녀가 주로 머무는 곳은 말레이시아지만 오스트레일리아와 인도네시아를 수시로 드나들고, 기회가 닿을 때마다 인도에 다녀오며, 1년에 한 번씩 아일랜드와 프랑스를 방문하고, 앞으로도 여행 계획을 잡아놓은 나라가 많다.

그럴 수 있는 이유는 그녀가 '작은 삶'을 살기 때문이다. 그녀에게는 사놓은 집도 차도 없다. 프랑스를 떠나기로 결심한 2013년 1월부터 디지털 노마드로 살고 있다. 그녀는 자칭 '21세기의 방랑족'이다.

"2009년에 제법 큰 회사에서 잘렸을 때 받은 퇴직금으로 여행을 떠났어요. 가방 몇 개만 들고 다니며 방랑하는 생활이 그렇게 좋을 수가 없더라고요. 3~4개월 떠나 있다가 돌아올 때마다 집안의 온갖 잡동사니며 월세, 각종 공과금, 차량 유지비 때문에 숨이 막힐 것 같았고요."

그때 그녀는 소지품을 최소한으로 줄이고 완전히 유목민처럼 살기로 결심했다.

애넷은 3개월 동안 거의 쉴 새 없이 매달린 다음에야 집안에 쌓아놓았던 잡동사니를 모두 없앨 수 있었다(작은 삶을 사는 게 결코 쉽지는 않다!). 몇 가지 최첨단 가전제품과 가구와 옷만 중고로 판매하고 나머지는 거의 대부분 기증했다.

유난히 처분하기 어려운 물건들도 있었다. "신발 몇 상자하고 책, 서류는 남겨두었어요. 작은 삶을 살겠다고 모든 걸 포기해야 하는 건 아니거든요. 정말 필요한 것만 가지고 살면 되는 거지. 그리고 삶을 정리하는 것도 하나의 과정이에요. 후딱 해치울 수 있는 일이 아니에요."

게다가 작은 삶을 유지하는 것도 만만치 않은 과제다. 잡동사니들이 얼마나 빠른 속도로 쌓이는지 모른다. "취재를 위해 행사에 참석하면 티셔츠나 DVD, 책을 받거든요. 달력과 온갖 기념품도 받고요." 애넷은 필요 없는 것들은 그 자리에서 남에게 주기도 하지만 대개는 가방에 넣어 두었다가 나중에 정리한다.

여행을 자주 하다 보니 뭘 들고 갈지 결정하는 것도 일이지만 좋은 점도 있다. "소유물을 주기적으로 정리하면 나한테 뭐가 있는지 정확하게 알 수 있고, 필요한 물건인지 아닌지 솔직하게 평가를 내릴 수밖에 없거든요."

애넷은 호텔에 묵거나 아파트 공유 서비스를 애용하고 가끔 빈집을 주인 대신 관리하기도 한다. 이런 방식의 삶을 살면서 좋은 점이 있다면 환경 관련 뉴스를 중점적으로 다루는 〈체인징 타임스 Changing Times〉라는 매체에 시간과 에너지를 할애할 수 있다는 것이다.

"내 주변에도 넓은 집과 마당을 관리하고 돈이 많이 드는 생활방식을 유지하느라 시간적으로, 경제적으로 허덕이는 친구들이 있거든요. 나는 쓰고 싶은 기사를 쓰는 데 집중할 수 있어서 좋아요. 어디든 마음 내키는 대로 떠날 수 있는 것도 좋고요."

당신이 지향하는 작은 삶은 애넷과 다를지 모른다. 사실 작은 삶의 형태는 사람마다 다르다. 다음 장에서 논의하려는 주제가 바로 그

것이다. 자신에게 어울리는 작은 삶을 사는 방법.

하지만 어떤 형태가 됐든 더 바람직한 삶을 살 수 있도록 우리를 해방시킨다는 사실에는 변함이 없다.

이제는 작은 삶에 대한 오해가 해소됐을 것이다. 작은 삶은 우리가 가장 소중하게 여기는 것들을 의도적으로 추구하고 거기에 집중할 수 없게 만드는 것들은 제거하는 것이다. 적지만 풍요로운 삶을 살고자 하는 모든 이를 위한 것이다.

3장 —

나만의 작은 삶을 찾는 법

"내가 기부를 하는 이유는 필요한 것보다 많은 돈이 생겼기 때문이다.

돈은 매력적이지만 내 삶을 움직일 수는 없다."

____ 찰스 F 피니(애틀랜틱기부재단 설립자)

'작은 삶'을 주제로 자료조사를 시작했을 때 내가 단박에 느낀 사실이 두 가지 있었다. 첫째는 작은 삶을 추구하는 사람들이 내가 생각했던 것보다 훨씬 많다는 것이었다. 레이더에 잘 잡히지 않았을 뿐 전 세계적으로 벌어지고 있는 운동이었다. 둘째는 사람들이 다양한 방식으로 작은 삶을 추구하고 있다는 것이었다.

- 샌디에이고의 한 대학교에서 근무하던 데이브 브루노Dave Bruno는 소유물을 100개로 제한했다. 이 사연이 《뉴스위크》에 소개되자 그의 '100개만으로 살아보기' 프로젝트는 작은 삶을 추구하는 사람들 사이에서 큰 인기를 얻었고 75개, 50개, 심지어 12개만으로 살아보기라는 이보다 더 극단적인 프로젝트까지 낳았다.
- 콜린 라이트Colin Wright는 모든 소지품을 배낭 하나에 넣고 4개월마다 나라를 옮겨 다니며 생활한다. 거기서 한 걸음 더 나아가 다음에는 어느 나라로 가면 좋을지 홈페이지 독자들의 투표를 통해 결정한다.
- 태미 스트로벨Tammy Strobel은 남편, 고양이와 함께 포틀랜드의 12제곱미터

(약 3.7평)짜리 집에서 산다. 빚이 30,000달러를 돌파하자 그걸 털어내기 위한 방편으로 작은 삶을 선택했다. 하지만 작은 삶의 매력에 푹 빠져 빚을 모두 갚은 뒤에도 초소형 주택에 살며 초소형 주택 홍보대사가 됐다.

- 여섯 명의 아이를 둔 리오 바바우타Leo Babauta는 얼마 전에 1인당 트렁크 1개에 모든 소유물을 챙기고 괌에서 샌프란시스코로 이사했다. 리오는 작은 삶 덕분에 빚을 갚고, 살을 빼고, 담배를 끊고, 견딜 수 없었던 직장생활에서 벗어났다고 한다.

작은 삶을 추구하던 초장기 시절에 내게 영감을 준 사람들은 프랜시스 제이Francis Jay, 에버렛 보그Everette Vogue, 캐런 킹스턴Karen Kingston, 애덤 베이커Adam Baker 등 이밖에도 많았다. 그들은 새로운 삶의 방식을 찬양했다. 나는 거의 날마다 그들의 글을 읽으며 영감을 얻었다. 그런데 그들은 서로 전혀 다른 방식으로 작은 삶이라는 인생의 목표를 이루고 있었다.

나도 그들을 통해 터득한 깨달음을 나만의 방식으로 실생활에 적용해보기로 했다.

마음만 먹으면 따라할 만한 사례가 차고 넘쳤지만 작은 삶을 추구하는 데에는 정해진 규칙이 없었다. 어떤 공식도 조건도 없었다. 각자에게 알맞은 방식으로 스타일을 만들면 그만이었다.

어쩌면 당신도 작은 삶을 추구해보려다 원치 않는 일을 해야 할 수도 있다는 생각에 포기한 적이 있을지 모른다. 하지만 그건 쓸데없는 걱정이다. 2장에 소개된 애넷 가틀랜드처럼 정해진 주소지가 없는 방랑족으로 살아도 되고 콜린 라이트처럼 살아도 된다. 하지만 그게 당신의 취향이 아니더라도 괜찮다.

남겨두고 싶은 소유물의 개수가 100개를 훌쩍 넘기더라도 상관없다.

초소형 주택에 살고 싶지 않아도 괜찮다!

작은 삶에 이르는 길은 각자가 찾아야 한다. 그렇다고 엄청난 변화를 생략할 수 있는 건 아니다. 어쩌면 잡동사니를 대거 정리해야 자유를 얻을 수 있을지 모른다. 대변혁이 당신을 기다리고 있다. 하지만 그것은 남이 아니라 당신에게 필요한 대변혁일 테고 끝내고 나면 시작하길 잘했다는 생각이 들 것이다.

개척한 작은 삶이 당신의 취향과 맞아떨어지기만 하면 되는 게 아니다. 그보다 더 중요하게는 당신 인생의 목적과 맞아떨어져야 한다. 어떻게 살고 싶은지 고민한 다음 거기에 걸맞은 작은 삶을 추구해야 한다.

유연한 자세를 유지하는 것이 관건이다. 까딱 잘못하다가는 교조주의자가 되기 십상이다. 목적에 집중해야 그 덫을 피할 수 있다.

인생의
우선순위

○

인생의 목적이나 목표가 뭔지 분명하게 아는 사람들은 자신이 원하는 형태의 작은 삶을 만들어나가기가 비교적 쉽다. 원하는 지점에 최단거리로 다다를 수 있는 길을 찾기만 하면 된다.

반면에 대다수의 사람들은 목적이 불분명하다. 막연하게 감은 잡고 있을지 몰라도 그들의 머릿속에 들어 있는 그림은 군데군데만 붓질이 되어 있는 캔버스와 같다. 이들은 과소비와 과소유에 염증을 느끼고 변화를 염원하지만 어떤 식으로 작은 삶의 첫 걸음을 떼면 좋을지 완벽하게 그림을 그리지 못한다.

나 역시 그 그룹에 속해 있었다. 당신도 평생 중요하지 않은 일에 시간을 낭비하고 있었다면 인생에서 정말 중요한 부분이 뭔지 처음에는 알아차리기 쉽지 않을 수도 있다.

그래도 어떻게든 삶의 군더더기를 줄여보기 바란다. 누구에게나 처분하고 싶은 잡동사니는 있다. 그런 잡동사니를 처분하다 보면 미래의 비전이 생기고, 미래의 비전이 확대되면 삶의 군더더기를 줄이는 방식이 점점 개선된다.

아마 이런 궁금증이 계속 머릿속을 맴돌 것이다. 이 물건이 정말로 필요할까? 어떤 원칙에 따라 처분할 물건과 처분하지 않을 물건을 구분해야 할까? 이 물건들 중에서 뭘 선택해야 하는 거지?

이웃사촌 준에게 "이 많은 걸 다 이고지고 살 필요는 없다."는 소리를 들은 이후로 아내와 나는 살림을 일부 처분하는 데 돌입했다. 하지만 이로 인해 수많은 고민이 시작됐다.

가령 우리 차고에서 자리를 차지하고 있는 물건 중에 골프 클럽이 있었다. 거의 사용해본 적 없는 골프 클럽이었다. 앞으로 내가 골프를 칠 일이 많을까? 아니라면 골프 클럽을 보관할 필요가 있을까? 아무리 생각해도 골프는 내 인생의 우선순위가 아니었기 때문에 처분하기로 했다.

그런가 하면 8인용 식탁과 8인용 식기 세트도 있었다. 우리 가족은 4명이니까 작은 식탁으로 바꾸고 식기 4세트는 누굴 주어야 할까? 이번 경우에는 그러지 않기로 했다. 집에 손님을 자주 초대하는 편이라 넓은 식탁에서 음식을 대접하는 것이 우리에게는 중요한 일이기 때문이었다. 손님 접대의 중요성이 우리가 추구하는 작은 삶의 형태에 영향을 미친 사례라고 하겠다.

이런 식으로 우리가 추구한 작은 삶은 스스로 발견해나가는 과정이 되었다. 실천하면서 배우는 시간, 경험을 통해 터득하는 시간이 되었다.

지금 당장 소유를 줄이고 잡동사니를 정리하기 시작하자. 그러면 삶의 목표와 가치관이 뚜렷해질 것이다. 물질적인 부분에 들이는 시간을 줄이고 가족이나 친구와 보내는 시간을 늘리고 싶다는 깨달음이 찾아올지 모른다. 쇼핑에 쓰는 지출이 줄면 갑자기 이직의 자유가 생길지 모른다. 빚을 정리해서 일찌감치 퇴직을 하거나 여행 자금을 마련하거나 관심이 있는 사회운동을 지원하고 싶다는 생각이 들지 모른다.

세부적인 내용은 저마다 다를 수밖에 없다. 당신의 길은 당신만이 찾을 수 있다. 일단 걸음을 내딛기 시작하면 당신이 가야 할 목적지가 보일 것이다.

내 친구 데이브Dave와 셰릴 밸스롭Sheryl Bathrop에게 물어보면 그렇다고 할 것이다.

새로운 출발점이 된 자동차 여행

2013년 봄, 데이브와 셰릴 부부는 오래 전부터 미뤄둔 여행길에 올랐다. 회색 SUV를 몰고 오리건 주의 유진을 출발해 오리건 주 남부와 캘리포니아의 아름다운 해안가를 따라 산타바바라까지 다녀오는 일정이었다. 마침내 아이들을 다 키워놓고 새로운 자유를 만끽하며 일에서 삼시 벗어나 한숨 돌리려는 이들에게 이번 여행은 단순한 휴식과 재충전의 기회가 아니었다. 예전부터 생각해왔던 '삶의 군더더기 줄이기'라는 과제에 집중하는 시간이기도 했다. 반짝이는 태평양과 거대한 숲, 파릇파릇한 언덕이 차창 밖으로 휙휙 지나치는 가운데 두 사람은 팟캐스트에서 작은 삶의 소중함에 대해 이야기하는 사람들의 이야기를 들었다. 그리고 그로 인해 그들의 인생이 달라졌다.

작은 삶을 살면 어떨까 어쩌다 한 번씩 생각해보기만 하던 밸스롭 부부는 이 여행을 통해 열렬한 신봉자가 되었다.

늘 바쁘게 달려온 이 부부는 변화가 간절했다. 데이브는 장애인들의 멘토였고 셰릴은 변호사였다. 둘 다 건강한 신체와 보람 있는 직업과 사랑이 넘치는 가족이라는 축복을 받았다. 하지만 그들은 얼마 전부터 점점 뭔가 부족한 기분을 느꼈다. 늘 시간과 돈에 쫓기며 살았다.

대부분의 부모들이 그렇듯 그들 역시 아이들에게 최선을 다했다. 드림 하우스를 장만했고 그걸 담보로 여러 번 대출을 받아가며 안락하고 호화로운 미국 중산층 생활에 필요한 비용을 감당했다. 하지만 아이들이 고등학교를 졸업하고 독립해 나가자 뭔가가 잘못되었다는 느낌이 점점 커져만 갔다. 경제적으로 풍족했지만 가족들과 함께 삶을 즐기고, 미래를 계획하고, 건강을 챙길 시간이 갈수록 부족해진 것이다.

그들은 작은 삶을 이야기하는 팟캐스트를 들으며 인생에서 중요하게 생각하는 항목과 실제로 시간과 돈을 들이는 항목 사이에 큰 차이가 있다는 걸 깨달았다. 셰릴은 이렇게 표현했다. "가족들과 시간을 보내고, 주변 사람들에게 베풀고, 믿음을 키우고, 건강을 챙기고, 저축으로 은퇴 자금을 마련하는 게 우리한테는 가장 중요한 항목이었는데 그걸 계속 미루고 있었지 뭐예요. 그저 집과 외형적인 부분을 관리하느라 그 모든 걸 포기하고 있었던 거예요. 건강을 챙기는 데 들인 시간보다 거실에 어울리는 소파를 고르는 데 들인 시간이 더 많았다는 걸 깨달았을 때 우리가 얼마나 놀랐는지 몰라요."

그들은 삶을 구조조정하기로 마음먹었다. 살림을 대거 처분했다. 그리고 바로 길 건너편의 훨씬 조그만 곳으로 집을 옮겼다.

데이브와 셰릴은 소유를 간소하게 줄인 덕분에 요즘 쓸데없이 신경 쓸 일이 줄었다고 한다. 드디어 가족, 믿음, 마음의 평화처럼 가장 중요한 부분을 우선적으로 챙길 수 있게 됐다.

하지만 그들의 이야기는 그게 다가 아니다. 불필요한 세간을 관리하는 부담에서 벗어나자 데이브와 셰릴은 새로운 관심사를 발견했다. 데이브는 글을 쓰는 데 재미를 붙였다. 셰릴은 어려운 가정을 돕는 일에 관심이 있음을 깨닫고 소송 전문에서 중재 전문으로 아예 분야를 바꾸었다. 두 사람 모두 아이들에게 집의 크기보다 훌륭한 유산을 물려줄 수 있다는 데 보람을 느낀다.

밸스롭 부부는 그들의 생활방식이 가치관과 부합하지 않는나는 사실을 알아차렸기 때문에 작은 삶에 매력을 느꼈다. 작은 삶을 실천함으로써 있는 줄도 몰랐던 관심사를 발견하게 된 것이다.

당신의 목적, 당신의 선택

1장에서도 얘기했던 것처럼 작은 삶의 최대 장점은 가장 큰 관심사를 충족시킬 수 있다는 점이다. 반대로 밸스롭 부부의 경우에서 보았듯이 작은 삶을 통해 자신의 관심사가 드러나기도 한다.

더 이상 망설이지 말고 당장 시작해보자. 작은 삶을 통해 당신의 목표와 가치관이 명확해지고 그것이 삶의 표출 방식을 규정할 수 있도록 말이다.

다시 한 번 강조하지만 작은 삶의 목표는 단순히 소유를 줄이는 것이 아니다. 더 많은 것을 이룰 수 있도록 삶의 군더더기를 줄이는 것이다.

당신의 인생이 남들과 다를 수밖에 없듯이 당신이 실천하는 작은 삶의 방식도 남들과 다를 수밖에 없다. 당신은 대가족일 수도 있고, 핵가족일 수도 있고, 가족이 아예 없을 수도 있다. 농촌에서 살고 있을 수도 있고, 개인주택에서 살고 있을 수도 있고, 원룸에서 살고 있을 수도 있다. 음악이나 영화나 스포츠나 책을 사랑할 수도 있다. 예술가일 수도 있고 아닐 수도 있다. 근사한 만찬을 주관하거나 당신의 집을 필요한 사람들에게 간병이나 칩거 시설로 제공하려고 이 세상에 태어났다고 생각할 수도 있다.

당신의 관심사를 좇아 당신의 능력을 최대한 발휘할 수 있도록 하자. 신경을 분산시키는 요소를 제거하고 당신의 목적을 달성하는 데 온 정신을 집중하도록 하자. 부담스럽지 않고 자유로운, 당신에게 꼭 맞는 스타일의 작은 삶을 찾도록 하자.

당신에게 걸맞은 작은 삶의 정의가 하룻밤 새 떠오르지는 않을 것이다. 그걸 발견하려면 제법 시간이 필요할 것이다. 당신의 생활이 달라지면 작은 삶의 정의 또한 진화하고 어쩌면 급격하게 달라질지도 모른다. 이런 식의 타협이 필요하다. 당신은 그 과정에서 실수도 저지를 수 있다. 그렇기 때문에 작은 삶으로의 여정에는 겸손한 자세도 필요하다.

하지만 결국에는 당신의 삶에서 불필요한 부분들을 제거하게 될 것이다. 그리고 그것을 통해 정말로 중요한 것들을 담을 수 있는 공간이 늘어날 것이다.

어디서부터
시작하면 좋을까

○

마크 트웨인Mark Twain은 이런 말을 남겼다. "살면서 가장 중요한 날을
이틀 꼽으라면 태어난 날과 자신이 태어난 이유를 깨달은 날이다."
나는 여기에 한 마디를 덧붙이고 싶다. 하루를 더 꼽으라면 '신경을
분산시키는 요소를 모두 제거하고 삶의 목적을 성취하는 데 전력으
로 매진하기로 결심한 날'이라고 말이다.

　삶의 군더더기를 줄이는 나만의 방법을 개발하면 목표를 달성
하기가 쉽고 편하게 느껴진다. 중간에 포기하지 않을 가능성 또한 커
진다. 자유롭게 나의 개성을 표현하고 본연의 모습을 찾을 수 있다.

　그렇다면 어떻게 나만의 방법을 개발할 수 있을까?

　인생의 목표를 명확하게 파악하고 싶다면 먼저 자기 점검부터
하는 게 좋다. 당신만의 재능, 능력, 장점 그리고 생각하면 피가 끓는
주제가 뭔지 파악하는 것이다. 종이를 한 장 꺼내 다음과 같은 질문
에 답을 적어보자.

1. 당신의 인생에 결정적인 역할을 한 좋은 일과 나쁜 일이 있다면 무엇일까?

2. 당신이 거둔 가장 훌륭한 업적의 공통점은 무엇일까?

3. 당신이 가장 해결하고 싶은 사회적인 문제는 무엇일까?

4. 수입과 상관없이 당신이 가장 매력을 느끼는 직종은 무엇일까?

5. 지금까지 살아오면서 더 열심히 매진하지 않은 것이 가장 후회되는 꿈이 있다면 무엇일까?

6. 후손들에게 남기고 싶은 유산이 있다면 무엇일까?

7. 당신이 가장 존경하는 사람은 누구일까? 구체적으로 어떤 점을 닮고 싶은 걸까?

이 책을 읽는 동안에도 당신의 관심사는 무엇인지 계속 고민을 해야 할 것이다. 인생의 가장 큰 꿈이라는 주제가 점점 중요해지다가 마지막 장에 이르러 정점에 다다를 테니 말이다.

하지만 지금 당장은 당신이 남의 인생을 대신 살아주기 위해 이 세상에 태어난 것이 아니라는 사실을 인식하는 것만으로도 충분하다. 따라서 당신에게 가장 걸맞은 작은 삶의 방식을 고민함으로써 오늘의 나를 최고의 나로 만들어보자.

나만의 작은 삶을 실천하는 구체적인 방법은 6장에서부터 소개하려고 한다. 그에 앞서 4장에서는 '소비지상주의적인 광고'라는 외적인 유혹에 대해, 5장에서는 '물욕'이라는 내적인 유혹에 대해 짚고 넘어갈 것이다.

4장 ─ 소비를 강요하는 세상

"사치는 열등감을 지닌 사람들이 하는 것이다.

남을 의식하는 삶 자체로는 어떤 행복도 누릴 수 없다."

＿＿ 존 헨드릭스(디스커버리 채널 CEO)

우리 아들은 다섯 살 생일에 동네에서 인기 만점인 장난감가게 상품권을 선물로 받았다.

"장난감가게에서 뭐 살 거니, 세일럼?" 내가 물었다.

세일럼은 주저 없이 대답했다. "스케이트보드요."

나는 아이가 오래 전부터 스케이트보드를 갖고 싶어 했다는 걸 알았다. 이제 그걸 살 수 있는 방편이 마련됐으니 차를 타고 장난감가게로 향했다. 나는 이 쇼핑이 금세 끝날 일이라고 생각했다. 스케이트보드를 고르고 카운터로 가 계산하고 집으로 돌아오면 끝일 거라고 말이다. 하지만 그건 나의 착각이었다.

가게 안으로 들어선 순간 세일럼은 다른 세상으로 이동한 거나 다름없었다. 아이는 진열된 형형색색의 수많은 장난감에 넋을 잃었다. 슈퍼히어로 피규어, 레고, 화려한 전자제품 등등…… 세일럼은 모든 걸 구경하고 만져보고 싶어 했다.

나는 아이의 손을 잡고 스케이트보드가 있는 쪽으로 데려갔다. 그런데 그 길에 공룡을 주제로 꾸며진 장난감 코너를 지나게 된 것이 패착이었다. 나는 아차 싶었다. 당시 세일럼은 그 또래의 모든 아이들이 그렇듯 지구상에서 멸종된 파충류라면 사족을 쓰지 못했다.

아이는 동굴처럼 생긴 접이식 텐트 앞에서 걸음을 멈추었다. 텐트 상자에는 텐트 주변에 공룡 장난감을 늘어놓고 환하게 웃는 아이 사진이 붙어 있었다. 세일럼이 진지한 목소리로 내게 말했다. "아빠, 이 텐트를 사야겠어요."

"하지만 스케이트보드를 사려고 몇 달 동안 기다려 왔잖니. 게다가 이 텐트는 얼마 갖고 놀지도 못할 거야. 공룡들도 따로 사야 하고."

우리는 한참 동안 옥신각신했다. 아이는 자신이 행복해지는 데 텐트가 필요한 이유에 대해 주장했고 나는 텐트를 사는 것이 판단 착오라며 반박했다.

결국 내가 딱 잘라 말했다. "세일럼, 이 공룡 텐트는 사지 않을 거야. 더 이상 이러쿵저러쿵하지 마."

내가 공룡 장난감 코너에서 끌고 나왔을 때 아이는 거의 울음이 터지기 일보직전이었다. 하지만 잠시 후, 원래 계획대로 스케이트보드를 사 들고 가게를 빠져나왔을 때는 다시 웃는 얼굴이었다. 아이는 이후 몇 년 동안 그 스케이트보드를 수도 없이 타게 될 것이었다.

이후 나는 그날의 사건을 돌이킬 때마다 뭔가를 구입해 소유하는 대목에 이르면 우리들 대부분은 다섯 살짜리 아이와 비슷해진다는 생각이 들었다. 상품의 화려한 자태를 접하는 순간 그게 정말 필요한 물건인지, 사놓으면 오랫동안 잘 쓸 수 있는지는 감안하지 않고 그저 넋을 잃으니 말이다.

그렇게 되어버리는 이유 가운데 하나가 소비중심적인 문화다. 안개처럼 우리를 감싸고 있는 소비지상주의는 마치 공기처럼 눈에 보이지 않는다. 사고 사고 또 사야 행복해질 수 있다는 이론이 우리에게 얼마나 엄청난 영향을 미치는지, 그것도 거의 알아차리지 못한다. 다음 장에서도 언급이 되겠지만 우리의 내적인 욕구는 외부에서 주입되는 이 같은 메시지에 따라 달라지기 때문에 소비지상주의를 정상적이고 자연스러운 문화로 받아들인다. 뭔가 잘못된 건 아닌가 하고 어쩌다 한 번씩 의심스러워할 뿐, 소비지상주의의 축제 분위기에 결국 편승하고 마는 것이다.

소비지상주의적인 성향을 극복하려면 그동안 우리가 모르는 척 지나쳐온 사각지대 쪽으로 시선을 돌려 그 안을 들여다보아야 한다. 소비지상주의적인 광고의 규모를 간파하고 그것이 공적인 담론과 개개인의 관점 속으로 얼마나 깊숙이 침투했는지 깨달아야 한다. 그리고 우리가 거기에 좌우되고 있었다고 인정할 때 비로소 소비지상주의와 맞서 싸울 수 있다.

미리 경고하지만 소비지상주의를 인식하고 거부하는 것은 쉽지 않은 일이다. 하지만 그만 한 보람이 있다. 소비지상주의의 가면을 벗어야 좀 더 믿음직한 행복의 원천을 찾을 수 있다.

소비는 어떻게
행복과 동의어가 됐을까

○

물욕과 소유욕은 예전부터 인간의 약점으로 간주됐다. 하지만 오늘날의 소비지상주의는 비교적 최근에 등장한 현상으로 역사가 100년 정도밖에 되지 않는다. 나는 이 책에서 내가 살고 있는 미국을 예로 들겠지만 다른 선진국의 상황도 크게 다르지 않을 것이다.

미국에서는 1920년대 들어 처음으로 일반 대중들까지 풍요로운 삶을 누릴 수 있게 되자 광고업계에서는 의도적으로 소유와 행복을 하나로 뭉뚱그리기 시작했다. 이때 이들에게 도움을 준 사람들이 심리학 전문가였다. 프로이트 학파의 정신분석학자 에르네스트 디히터Ernest Dichter는 이렇게 얘기했다. "인간의 필요와 욕구는 어느 정도 끊임없이 자극해야 한다."

그의 주장과 동일한 전략이 아직까지도 동원되고 있다. 한 기사에서는 이렇게 설명한다.

요즘은 아이패드, 근사한 휴가지, 그도 아니면 최근 출시된 운동화가 주변의 존경을 받는 전제조건이다. 특정 브랜드의 맥주가 우정이나 소속감과 동의어로 쓰인다. 궁궐 같은 집이 지위와 수입의 상징이자 가족을 먹여 살릴 만한 능력이 된다는 증거다. 두

말하면 잔소리지만 이것들은 모두 우리가 필요 이상으로 많은 소비를 해야 돈을 벌 수 있는 기업을 고객으로 둔 광고업계가 만들어낸 환상이다.

광고업계가 인간의 이기적인 소유욕을 자극하는 데 워낙 놀라운 성과를 거두었기 때문에 요즘은 소비와 행복이 사실상 같은 말로 간주되고 있다. 삶의 목표는 자기만족이고 뭔가를 사들이는 것이 거기에 도달할 수 있는 유일한 방법인 듯 말이다. 그리고 우리는 여기에 의문을 제기하지 않고 그냥 그렇겠거니 생각하고 만다.

이런 시각이 얼마나 팽배한지는 길거리마다 줄줄이 늘어선 상점들만 봐도 알 수 있다. 한 나라의 행복지수를 국내총생산, 무역수지, 소비심리, 물가상승률로 측정한다. 우리나라는 구석구석, 심지어 국립공원까지도 상업화되었다. 어떤 식으로 튼튼한 경제를 약속하는지를 기준으로 정치 지도자를 선출한다. 아메리칸드림은 은행 잔고, 차의 브랜드, 집의 크기로 결정된다.

여기에 한술 더 떠서 이 세대의 가장 훌륭한 지식인들 또한 우리를 전보다 더 탐욕스러운 소비자로 만들기 위해 온갖 장치를 고안하고 있다. 뭔가를 새로 구입하기가 요즘보다 더 쉬운 적이 없었다. 버튼 하나만 클릭하면 그만이다.

요즘은 개인 정보를 수집할 수 있는 기회도 늘어난 덕에 타깃 마케팅으로 무장한 기업들의 상술이 더욱 막강해졌다. 그들은 우리의 나이, 성별, 결혼 여부뿐 아니라 자산, 개인적인 취향, 쇼핑 습관, 좋아하는 책과 영화까지 꿰뚫고 있다. 우리가 언제, 어디서, 어떤 식으로 돈을 쓰는지 상세히 알고 있다. 그들은 스마트폰이나 인터넷 검색 기록을 통해 우리의 모든 정보를 수집, 기록한다. 그리고는 그것을 무기 삼아 우리의 약점을 공략한다.

어떤 의미에서는 마케터들이 우리보다 우리 자신을 더 잘 안다. 그들은 우리의 불안감과 결핍감을 먹고 산다. 사회에서는 우리의 열정을 중간에서 낚아채 물질적인 쪽을 지향하도록 방향을 바꾸어놓는다. 하지만 결국 눈을 감는 순간이 됐을 때 좀 더 많은 걸 사지 못했다고 아쉬워하는 사람은 아무도 없다.

왜 그럴까? 그럴 듯한 감언이설과는 다르게 소비로는 성취감도, 행복도 누릴 수 없기 때문이다. 오히려 자유가 사라지고 채워지지 않는 갈증만 생길 뿐이다. 부담과 후회만 남으며 결국 우리를 기쁨의 원천에서 멀어지게 만든다.

소비지상주의에 저항한들 그 자체로는 행복해질 수 없을 것이다. 무(無)는 그저 아무것도 없는 상태일 뿐이다. 중요한 건 그 빈 공간을 무엇으로 채우느냐다. 하지만 일단 첫 걸음을 내딛는 것이 중요하다. 소비지상주의에 저항하면 기만당할 일이 없어지고 진정한 행복을 찾을 가능성이 생기기 때문이다.

나는 이 장을 통해 소비지상주의에서 탈피해야 하는 삶의 세 가지 영역을 살피고, 소비지상주의의 영향과 실체를 폭로하고자 한다.

- 물질적인 소유를 대하는 당신의 자세는 시대적인 분위기에 어떤 식으로 영향을 받았는지.
- 이 세상은 성공의 정의를 뭐라고 가르쳐왔는지.
- 마케터들은 당신의 쇼핑을 어떤 식으로 조종하려 하는지.

시대를 뛰어넘는
과소비의 덫

중국의 설치 미술가 송동宋冬의 전시작 〈버릴 것 없는Waste Not〉은 돌아가신 어머니의 잡동사니를 전시한 작품이다. 컵, 냄비, 대야, 치약, 셔츠, 단추, 볼펜, 병뚜껑, 봉투, 통, 실오라기, 넥타이, 밥공기, 핸드백, 줄넘기, 봉제인형 등 전시된 어머니의 유품은 전부 합해 10,000개에 달한다. 이 많은 게 20~30제곱미터(6~9평)밖에 안 되는 베이징의 집을 가득 채우고 있었다(집이 워낙 작아 전시품과 함께 이동 중이다).

나는 몇 년 전 뉴욕 현대미술관에서 그 작품을 보았을 때 여러 감정을 느꼈다.

맨 처음에는 당혹스러웠다. 다 쓴 치약 12개와 수백 가닥의 실오라기를 모아놓은 이유가 뭘까?

그 다음에는 놀라웠다. 이 많은 게 무슨 수로 저렇게 작은 집에다 들어갔을까?

그러고 나서는 혐오스러웠다. 저런 식으로 살았다니 딱하기도하지! 저 많은 잡동사니가 한 집에서 나왔다니.

하지만 결국에는 믿거나 말거나, 감사함을 느꼈다.

사재기의 실태가 아니라 중국에서 전쟁을 치르느라 식량 배급, 굶주림, 추방, 물자부족이 일상적으로 반복됐던 혹독한 시절을 겪은 세대의 철학을 보여주는 것이 이 작품의 목적이라는 것을 깨달았기 때문이었다. 송동의 어머니로서는 뭐가 됐든 모아두는 것이 생존의 전제조건처럼 느껴졌을 것이다. 내게는 병적인 사재기처럼 느껴졌던 것이 사실은 혼란스러운 사회에 이성적으로 대처하는 방식이었다.

나는 송동의 어머니와 달리 위태로운 격동의 시기를 보낸 적이 없다. 그렇기 때문에 기근이나 반군의 습격에 대비해 뭐든 모아놓아야 할 필요성을 느끼지 못한다. 나는 자유롭게 단순한 삶을 선택할 수 있다. 그 점에 있어서는 감사하게 생각한다.

나는 요즘도 서로 다른 시대와 생활환경에 속한 사람들의 소유를 대하는 자세를 접할 때마다 송동의 전시작을 떠올린다. 언제 태어났고, 현재 인생의 어떤 지점에 와 있으며, 어떤 고비를 거쳤고 지금은 또 어떤 고비를 지나고 있는지에 따라 재물을 대하는 태도가 달라지기 때문이다.

같은 세대 사람들은 당신의 소비행태에 대해 뭐라고 하는지, 여기에 관심을 기울여 보는 것도 좋겠다.

세대 분석은 결코 정밀과학이 아니다. 하지만 이를 통해 시야를 넓히면 자기 자신을 이해하는 데 도움이 된다. 당신이 속한 세대를 분석하고 그것이 쟁임과 소비를 대하는 당신의 태도에 어떤 영향을 미쳤는지 생각해보자.

- 1928년에서 1945년 사이에 태어났으면 '침묵의 세대'다.
- 1946년에서 1964년 사이에 태어났으면 '베이비붐 세대'다.
- 1965년에서 1980년 사이에 태어났으면 'X세대'다.
- 1981년에서 2000년 사이에 태어났으면 '밀레니얼 세대'다.

소비지상주의와 침묵의 세대

침묵의 세대는 어렸을 때 대공황과 제2차 세계대전을 경험했다. 이들의 일반적인 태도는 '낭비하지 않으면 부족함이 없다'는 것으로 송동의 어머니와 비슷하다.

이들의 소비 기준은 오래 쓸 수 있는 물건이었다. 이들은 어린 시절에 높은 실업율과 가뭄으로 고생했고 인류 역사상 가장 혹독한 전쟁을 치렀으며 식량 배급을 받았다. 근검절약은 선택이 아니라 필수였다.

침묵의 세대는 현재 70대와 80대다. 이들은 작은 집으로 거처를 옮기고 있다. 스스로 선택한 경우도 있고 어쩔 수 없이 옮긴 경우도 있지만 이때 그들 대부분은 우울해한다.

살림의 규모를 줄이는 것은 육체적으로나 감정적으로나 힘들고 고통스러운 일이다. 한 집에서 수십 년 동안 살았던 사람이라면 더욱 그럴 수밖에 없다.

당신이 이 세대 사람이라면 살림의 규모를 줄여야 하는 시점에 직면했을 것이다. 작은 삶이 이제는 선택이 아닌 필수다. 소비지상주의의 유혹을 참는 것이 그 어느 때보다 중요하다. 젊었을 때 체득한 근검절약의 기억을 되살리고 만연한 소비풍조를 거부해야 한다. 과다한 소유의 짐을 벗으면 훨씬 평화롭고 보람차게 남은 여생을 보낼 수 있다.

소비지상주의와 베이비붐 세대

제2차 세계대전 직후에 태어난 베이비붐 세대는 침묵의 세대와 전혀 다른 환경에서 성장했다.

전쟁이 끝난 후 미국은 심각한 주택난에 시달렸다. 귀국한 참전 용사와 이례적으로 높은 출생률이 빚은 현상이었다. 이로 인해 교외에 우후죽순 격으로 주택이 건설됐으니 베이비붐 세대는 대다수가 교외에서 성장기를 보낸 첫 세대로 그런 환경에서 문화적인 영향을 받았다.

이들 세대는 번영의 시대를 구가했으며 이 시기에 일하는 여성의 숫자는 폭발적으로 증가했다. 미국 역사상 처음으로 맞벌이 가구가 등장하면서 기본 생활비를 제한 여유 자금의 액수가 신기록을 달성했다. 게다가 전후의 낙관적인 분위기가 안정감과 기회를 제공했다. 이렇게 베이비붐 세대는 특급 소비자가 되었다.

이제는 베이비붐 세대의 자녀들이 독립해 자리를 잡은 성인이 되었다. 그리고 베이비붐 세대는 대거 은퇴를 했거나 조만간 은퇴를 앞두고 있다. 대다수가 오랫동안 열심히 일하며 꿈꿔왔던 은퇴 이후의 삶을 현재 보유한 자산으로 감당할 수 있도록 살림을 줄이려고 한다. 작은 삶이 당연하게 느껴지지 않을지 몰라도 그 장점을 깨닫고 있다.

당신이 베이비붐 세대라면 '소비=행복'이라는 등식에 의문을 제기하고 있을지 모른다. 과거에는 온갖 편의가 제공되는 교외의 넓은 주택에서 살았지만 이제는 소유보다 경험을 더 중요하게 생각하고 있을지 모른다. 그렇다면 생각의 방향을 제대로 잡은 거다.

당신은 우리 사회의 수많은 분야에서 변화를 일군 세대이니 소유와 소비를 바라보는 시각에 있어서도 다시 한 번 변화를 유발할 수 있는 능력이 있다.

나와 동년배인 X세대에는 냉소적이고 개인주의적이며 자기밖에 모르는 생존 최우선주의자라는 꼬리표가 달려 있다. 우리는 극에 달한 소비지상주의와 과도한 소유의 민낯 사이에서 아슬아슬하게 걸어가고 있다.

우리의 어린 시절을 한 마디로 요약하는 단어는 '방과 후 빈집'이다. 맞벌이를 했던 우리 세대의 부모는 실소득은 많았지만 아이들에게 쏟을 시간과 에너지는 부족했다. 교외에 집을 장만했지만 그 대신 가족들과의 저녁식사를 포기해야 했다.

X세대는 기술혁명의 시기에 성인이 되었다. 대부분 컴퓨터가 없는 유치원에 다니다 워드 프로세서로 타자를 배우고 대학을 졸업할 즈음에는 이메일로 보고서를 제출했다. 기술혁명 덕분에 우리가 사는 세상은 점점 더 기동성이 높아졌다. 우리 세대는 개인적으로 추구하는 목표와 제도에 대한 불신 때문에 평생 동안 직장을 평균 일곱 번 바꾸는데, 할아버지 세대에서는 상상조차 하지 못했던 일이다.

하지만 아이들은 사람을 바꾸어놓는 재주가 있다. 이제 중년으로 접어든 X세대는 다양한 연령층의 아이들을 키우고 있다. 그리고 대부분의 X세대는 그들의 부모와 정반대의 교육관을 지향하기 때문에 '방과 후 빈집'이 '헬리콥터 부모'로 바뀌었다. 여기에 선물로 사랑을 표현하는 베이비붐 세대의 할머니, 할아버지가 추가되니 X세대가 사는 집은 금세 잡동사니들로 넘쳐날 수밖에 없다.

당신이 X세대라면 수입이 최고조에 달하는 시기가 눈앞에 닥쳤을지 모른다. 소비지상주의의 '혜택'이 손 내밀면 닿을 데 있는 것처럼 느껴질지 모른다. 하지만 속아 넘어가면 안 된다. 과잉축적이 어떤 식으로 여러분에게 악영향을 미치기 시작했는지 벌써부터 실감하고 있지 않은가. 너무 늦기 전에 소비지상주의의 사슬을 끊자.

소비지상주의와 밀레니얼 세대

어떻게 보면 밀레니얼 세대에게는 작은 삶이 자연스럽게 느껴질 수도 있다.

밀레니얼 세대는 기술혁명 이후에 태어난 첫 세대다(기술혁명이 속도를 늦출 기미는 보이지 않지만). 그들은 예전보다 작아진 세상에 살며, 최첨단 기기뿐 아니라 주변 모든 이와 24시간 연결돼 있기를 바란다. 카페가 새로운 사무실이 되었고, 공동작업이 새로운 경쟁 무대가 되었으며 기동성이 새로운 안정성이 되었다. 대다수의 밀레니얼 세대가 동의하겠지만 잡동사니로 가득한 집에서는 기동성 있는 생활방식을 유지하기가 쉽지 않다.

이 세대는 모든 연령대를 통틀어 환경의식이 가장 투철하며 이것이 소비 습관에 지대한 영향을 미친다. 사람과 사람을 연결시켜주는 첨단기술 덕분에 자전거, 자동차, 집과 같은 자산을 개인이 아니라 공동으로 소유하는 '공유 경제'의 가능성이 대두되었다. 소유보다 접근성이 더 중요해진 것이다.

게다가 인터넷을 통해 벼룩시장이 전 세계로 확대됐다. 클릭 한 번이면 거의 모든 제품이 24시간 안에 집 앞으로 배달되니 집안에 온갖 생필품을 쟁여놓을 필요가 없다.

밀레니얼 세대는 작은 삶에 매력을 느낀다. 요즘에는 디자인도 이런 추세를 반영한다. 첨단기술 덕분에 소유를 줄이는 것이 그 어느 때보다 수월해졌다. 그리고 작은 삶은 그들의 머릿속에 깊숙이 뿌리내리고 있는 가치관과 일맥상통하는 부분이 많다.

하지만 이 세대가 대불황기에 대학을 졸업하고 사회생활을 시작했다는 점을 간과하면 안 된다. 불완전고용에 사상 유래 없는 금액의 학자금 대출이 더해졌기 때문에 밀레니얼 세대는 소비지상주의자가 되고 싶어도 쓸 수 있는 수입이 없다. 이들이 자라온 경제 환경 때문에 천성적으로 작은 삶을 지향하게 됐는지, 이후에 호황으로 접어들면 이전 세대처럼 과소비의 덫에 빠질지 여부는 지켜볼 문제다. 밀레니얼 세대를 위해 전자였으면 좋겠지만 말이다.

당신이 밀레니얼 세대라면 우리 모두를 해방시킬 수 있는 새로운 작은 삶의 패러다임을 선도하면 어떨까? 당신은 그 어느 세대보다 유리한 입장이다.

세대별로 다른 분위기가 소비문화에 어떤 식으로 영향을 미치는지 파악하면 도움이 된다. 과잉을 성공의 척도로 여기는 모든 세대의 위험한 착각을 인지하는 것도 마찬가지다.

과잉을
찬양하는 세상

우리 사회는 성공을 하면 박수를 쳐준다. 당연한 반응이다. 소질을 계발하고 열심히 노력하고 난관을 극복한 사람들은 박수를 받아 마땅하다.

하지만 안타깝게도 우리 사회는 과잉을 찬양하는 데 집착하기도 한다. 우리가 과시적인 소비를 숭배한 첫 세대는 아니지만 그걸 새로운 경지로 끌어올린 첫 세대이기는 하다. 잡지에서는 돈 많은 유명인들의 삶을 지나치게 시시콜콜 소개한다. 시사지에서는 자산에 따라 사람들의 순위를 매긴다. 리얼리티 프로그램에서는 호화로운 생활을 하는 출연자에게 박수갈채를 보낸다. 인터넷은 근사하게 사는 것처럼 보이는 수많은 사람들의 사연으로 독자를 유혹한다.

우리도 일상에서 그걸 답습한다. 동네 주민들은 이웃의 집 크기를 놓고 이러쿵저러쿵한다. 고급차가 옆 차로를 달리면 손가락으로 가리킨다. 패셔너블한 옷과 명품 핸드백을 부러워한다. 돈을 보고 결혼했다는 농담을 늘어놓는다. 돈이 많아 거칠 게 없는 삶을 꿈꾼다.

모든 걸 다 가진 것처럼 보이는 사람들처럼 살고 싶어 한다. 과잉으로 점철된 삶을 내심 칭송한다.

하지만 그건 엄청난 실수다.

과잉이 결코 성공의 척도는 아니다.

거금의 재산은 무작위적인 선택의 결과일 때가 있다. 물론 열심히 노력하고 헌신해 부를 축적한 사람들도 있다. 하지만 늘 그런 건 아니다. 물려받았거나 부정축재를 했거나 단순히 운이 좋아서 그렇게 된 사람들도 있다. 그런 경우에는 칭찬을 받을 자격이 전혀 없다.

게다가 어떤 경로를 통해 부를 축적했건 간에 과소비는 그 돈을 현명하게 쓰는 방법이라고 볼 수 없다. 여력이 된다고 무조건 사들이는 건 아니지 않은가. 그런데 우리는 왜 이기적인 용도로 돈을 쓰는 사람들을 계속 찬양하고 있을까?

우리 사회는 채점을 잘못 하고 있다. 과잉으로 점철된 삶을 사는 사람들이 반드시 성취감을 가장 많이 느끼는 건 아니다. 단순한 삶에 만족하며 조용히, 검소하게 사는 사람들이 가장 행복한 경우가 많다. 우리는 그런 선택을 찬양하고 그런 삶을 따라해야 한다. 그런데도 이런 식의 성공에 대한 정의가 우리에게는 낯설게만 느껴진다.

우리는 어쩌다 물질적인 과잉을 다른 것과 착각하게 됐을까? 소비지상주의가 우리의 정신세계에 어떤 영향을 미치고 있다는 방증

일까?

성공한 사람들은 존경해 마땅하다. 하지만 과잉을 찬양하지는 말자. 그 둘의 차이점을 깨달으면 당신의 삶이 달라질 것이다.

기업들의 함정을
간파하라

우리는 쇼핑을 좋아한다. 블랙프라이데이만 봐도 알 수 있다.

추수감사절은 지금까지 받은 것에 감사하자는 뜻에서 만들어진 명절이건만 미국에서는 1년을 통틀어 가장 엄청난 쇼핑 대잔치를 벌이는 날로 변질된 지 오래다. 그 시즌에만 6,000억 달러(약 642조 원)를 넘게 쓴다고 하니 말 다했다.

2013년을 기준으로 마케터들이 미디어 광고(디지털, 잡지, 신문, 광고판, 라디오, TV)에 들인 비용이 연간 1,700억 달러(약 183조 원)였으니 그야말로 남는 장사를 한 셈이다.

광고의 위력이 당신에게는 아무 영향도 미치지 못한다고 생각한다면 그건 착각이다. 업계에서 혹시라도 당신에게 영향을 미칠 수 있길 바라며 광고에 1,700억 달러를 썼을까? 아니다. 당신에게 영향을 미친다는 걸 확신하기 때문에 그 엄청난 돈을 쓴 것이다.

물론 그들은 당신이 그걸 모르고 지나치기를 바란다. 사실 당신이 광고에 영향을 받지 않는다고 생각할수록 그들은 소임을 다했다고 볼 수 있다. 꿍꿍이속이 있는 낯선 이에게 쉽게 좌우된다면 좋아할 사람이 어디 있겠는가. 그렇기 때문에 우리의 무의식에 긍정적인 이미지를 남기는 광고가 가장 성공적인 광고다. 이 광고 속 상품을 사용하면 생활이 더 즐거워질 거라고, 이 탄산음료를 비치하면 파티가 더 생기 넘칠 거라고, 이 차를 몰면 주변에서 좀 더 높은 평가를 받을 거라고, 이 보험을 들면 좀 더 든든한 기분이 들 거라고 교묘하게 약속하는 광고들 말이다.

그들이 목적을 달성하는 방법은 다양하다. 로고의 색상, 제품의 배치, 유명한 모델, 심지어 시선의 방향과 동공의 크기까지…….

하지만 마케터들이 동원하는 비장의 무기는 광고나 CM송이 아니다. 언론 마케팅은 단순한 예술이 아니라 과학과 심리학에 기반을 두고 있다.

요즘 가장 흔하게 쓰이는 마케팅 수법을 소개하자면 다음과 같다. 누구나 보면 한눈에 알아차릴 수 있을 만큼 흔한 이 수법들의 목적은 당신의 지갑을 열고, 열고, 또 열게 하려는 것임을 잊지 말아야 한다.

· **멤버십 포인트와 카드** 자기네 매장에서 일정 금액을 넘게 사용하면 선물

을 주겠다고 한다. 그 선물로 상쇄가 될 거라며 필요하지도 않은 물건을 사라고 부추긴다.

- **유통점 신용카드** 이 카드를 만들면 그날부터 당장 몇 퍼센트를 할인 받을 수 있다고 한다. 그런데 조사 결과를 보면 그 신용카드를 썼을 때 사용 액수는 2배 더 많아지는 것으로 밝혀졌다. 그리고 온갖 개인정보와 쇼핑 습관이 그들 손에 고스란히 넘어간다.

- **몇 개 안 남았다는 부추김** 지금 당장 사지 않으면 안 될 것 같은 긴박감을 조성한다. 10분 동안 한정 세일합니다! 패키지 판매가 곧 끝납니다! 다섯 석 남았습니다! 이러면 다급하게 결정을 내리게 되는데, 대개는 그것이 잘못된 결정으로 밝혀지는 경우가 많다.

- **즉각적인 가격 인하** 미국의 한 백화점 CEO는 세일을 폐지하고 처음부터 모든 상품의 가격을 최대한 낮게 책정·판매하는 정책을 추진했다가 해고를 당했다. 매출 폭락으로 이어졌기 때문이었다. 가격을 낮추자 매출이 줄다니 어떻게 그럴 수 있을까? 연구결과 소비자들은 같은 가격이라도 '세일' 스티커가 붙어 있는 경우 해당 상품을 구입할 가능성이 더 크고, 적당한 원가가 어느 정도인지 전혀 감을 잡지 못하는 것으로 밝혀졌다. 따라서 업체에서는 원가를 부풀려놓고 세일을 함으로써 저렴하게 산 것처럼 착각하게 만드는 방식으로 얼마든지 소비자를 우롱할 수 있다.

- **유인용 가격 정책** 그 메뉴를 주문하는 손님이 없을 줄 뻔히 알면서도 한 두 가지 메뉴를 얼토당토않게 비싼 가격으로 책정하는 식당들이 있다. 그

렇게 상한가를 높게 설정하면 다른 메뉴가 상대적으로 저렴하게 느껴지기 때문이다. 소매점에서는 비슷한 다른 제품들에 비해 한 제품에만 가격을 아주 높게 책정하는 방식으로 소기의 목적을 달성한다(대형 TV를 예로 들 수 있겠다).

- **미끼 상품** 마트에서 흔히 쓰는 수법으로 저렴하게 판매하는 한두 가지 상품으로 고객을 유인하는 수법이다. 세일가로 판매하면 조금 손해를 보겠지만 그걸 보고 들어온 고객이 다른 제품두 구입할 테니 결국에는 이득이다.

- **샘플** 쇼핑하는 사람 입장에서는 시식을 하면 그 매장에서 홍보하는 제품의 맛을 볼 수 있어서 좋다. 하지만 여기에는 고도의 전략이 숨겨져 있다. 시식을 하면 몸에서 먹을 때가 됐다고 인지하고, 뇌에서는 먹을거리를 찾기 시작한다. 한 연구결과에 따르면 매장에서 시식을 한 고객의 40퍼센트가 결국에는 예정에도 없던 그 제품을 구입하게 됐다고 한다.

- **매장 구조** 슈퍼마켓에서는 곡식, 유제품, 육류, 제빵류를 정반대편의 모퉁이에 배치한다. 그래야 소비자들이 이쪽 끝에서 저쪽 끝까지 이동하는 동안 더 많은 제품에 시선을 빼앗길 수 있기 때문이다. 쇼핑몰이 미로처럼 만들어지는 이유는 길을 잃고 이리저리 둘러보다 충동구매를 하도록 유도하기 위해서다. 아울렛이 교외에 주로 건설되는 이유는 '여기까지 왔는데'라는 생각에 장시간 머물며 좀 더 많은 돈을 쓰도록 유도하기 위해서다. 거의 모든 매장마다 우리의 소비지상주의적인 성향을 자극하기 위한 구조를 갖추고 있다고 보면 된다.

이 정도는 빙산의 일각에 불과하다. 업계에서는 당신을 속여 지갑을 열게 할 수만 있다면 수단과 방법을 가리지 않을 것이다. 우리는 날마다 그들과 치열한 전투를 벌여야 한다. 하지만 그들이 흔히 쓰는 수법을 알아두면 우리에게 미치는 영향을 좀 더 빠르게 간파할 수 있다.

당신의 약점을 알아두는 것도 중요하다. 유난히 충동구매를 하게 되는 상점이 있는지, 거의 무조건적인 반응을 유도하는 제품이나 가격 패턴(예를 들면 재고 정리 세일과 같은)이 있는지. 어쩌면 당신은 특정 감정을 느낄 때, 슬프거나 외롭거나 스트레스를 받을 때 유난히 아무 생각 없이 돈을 쓰고 있을지도 모른다.

소비지상주의는 우리 사회 곳곳에 스며들어 있다. 그 작동기제를 간파하는 눈을 길러야 치명적인 유혹에서 벗어날 수 있다.

욕망으로부터의
해방

○

나는 소비습관, 양육, 명절에 선물을 주고받는 문화, 봉사활동 등을 주제로 마고 스타벅^{Margot Starbuck} 기자와 전화 인터뷰를 한 적이 있었다. 인터뷰에 걸린 시간은 약 45분이었고 통화가 끝났을 때 나는 그녀와의 인연이 그것으로 끝인 줄 알았다.

하지만 그건 우리의 대화가 그녀에게 어떤 영향을 미칠지 모르고 한 착각이었다.

인터뷰를 하고 며칠 뒤에 마고가 이메일을 보내왔다. 나는 추가 질문이나 좀 더 자세한 설명을 부탁하는 이메일이겠거니 생각했다. 그런데 그녀는 나와의 짧은 대화로 소유를 바라보는 그녀의 시각이 어떤 식으로 달라지기 시작했는지 털어놓았다.

조슈아, 지난주의 통화는 정말 즐거웠어요. 전화를 끊고 지금까지 잡동사니를 1,000개 정리했답니다(얼마나 간단했던지 무서울 정도였어요!).

10대인 아이들과 함께 노스캐롤라이나 더럼에서 사는 마고는 집안 곳곳을 돌아다니며 더 이상 쓰지 않는 물건들을 정리했다. 인근 자선단체에 가정용품을 수십 상자 기증하는 등 단 며칠 만에 1,000여 개의 물품을 처분했다.

나는 이 소식을 듣고 기뻐하며 마고에게 향후 진행과정을 계속 알려달라고 했다.

맨 처음 통화하고 3개월이 지났을 때 마고가 다시 이메일을 보내왔다. 이번에는 더럼의 한 쇼핑몰에서 직접 보낸 이메일이었다. 그녀는 그곳에서 약속이 있었는데 일찍 도착하는 바람에 낯익은 매장들을 둘러보게 됐다. 그런데 소유를 줄이기로 작심한 뒤라 액세서리, 부츠, 하얀색 데님 재킷 등 예전에는 그녀의 시선을 사로잡았던 모든 상품들이 전과는 다르게 보였다.

조슈아, 쇼핑몰을 걸어가는데 난생 처음으로 갖고 싶은 게 아무것도 없었어요. 오히려 필요 이상으로 많은 걸 가지고 있다는 완벽한 만족감을 경험했어요. 아름다운 해방감을 느꼈어요.

가지고 싶은 욕망으로부터의 해방. 소비지상주의에 기반을 둔 사회로부터의 해방. 이것이 작은 삶의 미래다. 불필요한 모든 것을 아무런 욕구 없이 즐겁게 감상할 수 있는 것. 진정으로 원하는 것을 자유롭게 추구할 수 있는 삶을 사는 것. 당신도 이런 기쁨을, 이런 해방감을 느낄 수 있으면 좋겠다.

이런 해방감을 만끽하려면 우리가 살고 있는 이 소비지상주의적인 사회에 저항해야 한다. 그리고 내면으로 시선을 돌려서 천성적으로 취약한 부분을 파악해야 한다.

5장 ─ 나를 비추는 거울

"내가 무언가를 살 때 그것은 돈으로 사는 것이 아니다.

그 돈을 벌기 위해서 쓴 시간으로 사는 것이다."

___**호세 무히카**(전 우루과이 대통령, 세계에서 가장 검소한 대통령)

어느 이른 저녁, 거실에 앉아 재정적인 문제를 의논하던 앤서니 Anthony와 에이미 옹가로Amy Ongaro 부부는 점점 좌절감을 느꼈다. 가족들끼리 여행을 가자는 얘기가 나왔고 그들은 진심으로 동참하고 싶었지만, 이런 기회가 찾아올 때마다 선뜻 용기를 낼 수가 없었다. 언제나 그랬듯 돈이 부족했기 때문이다.

"어떻게 좋은 기회가 생겨도 예산이 몇 백 달러만 넘으면 포기해야 하는지 이해를 못하겠어." 에이미가 말했다.

"그러게." 앤서니도 맞장구쳤다. "우리 둘 다 번듯한 직장생활도 하고 있는데 말이지. 도대체 우리가 번 돈은 다 어디로 가는 걸까?"

그때 초인종이 울렸다. 앤서니가 나가 문을 연 순간 갈색 밴 속으로 사라지는 택배기사의 뒷모습이 보였다. 문 앞에는 아마존 택배 상자가 놓여 있었다.

앤서니는 눈을 반짝였다. 절대 깨지지 않는다는 스마트폰 케이스를 주문했는데 그것인 모양이었다. 아니면 휴대용 충전기든지.

그는 얼굴 가득 환한 미소를 보이며 에이미 앞에서 상자를 개봉

했다. 아니나 다를까, 스마트폰 케이스였다.

앤서니는 새로 산 제품을 체크하는 데 정신이 팔려 에이미가 아무 말 없이 가만히 앉아 있다는 사실을 알아차리지 못했다. 그녀는 열심히 생각하는 중이었다. 마침내 머릿속에서 연결고리가 파악됐다. 그녀가 앤서니에게 말을 건넸다. "어쩌면 이것 때문에 우리가 여행을 갈 수 없는 건지도 몰라."

"뭐? 이 스마트폰 케이스 때문에? 어휴, 이건 고작 35달러짜리라고."

"이것뿐만 아니라 당신이 온라인으로 주문하는 온갖 상품들 말이야."

"내가 인터넷 쇼핑을 좋아하긴 하지." 앤서니도 시인했다.

그들 부부는 바로 컴퓨터를 켜고 지난 4년 동안 아마존에서 주문한 내역을 확인했다. 결과는 충격적이었다. 그 기간 동안 10,000달러를 넘게 썼는데, 거의 모든 게 40달러 미만이었고 그들에게는 별 필요도 없는 제품이었다. 심지어 기억이 나지 않는 물건들도 많았다.

믿기지 않는 주문 내역을 마주했을 때 옹가로 부부는 처음으로 자각할 수 있었다. 아이도 없는 맞벌이 부부가 진심으로 원하는 걸 할 만한 여력이 안 됐던 이유는 쓸데없는 데 돈을 낭비했기 때문이었다. 그들은 며칠에 한 번씩 인터넷으로 소소한 물건들을 주문했다. 그럴 때마다 도파민이 분비돼 잠시 기분이 좋아지곤 했다. 하지만 한

데 합산하고 보니 그들이 감당해야 할 결과는 어마어마했다.

우리 모두 이런 식의 자각이 필요하다. 줄일수록 풍성해지는 삶을 살리려면 자신이 어떨 때 구매욕을 느끼는지 파악해야 한다.

앞장에서 우리는 마케터와 사회 문화가 어떤 식으로 우리의 쇼핑과 소비습관에 영향을 미치는지 살펴보았다. 사회의 압력은 실로 엄청나다. 하지만 외부에서만 원인을 찾는다면 불완전한 분석이 될 것이다. 미안한 지적이기는 하지만 우리에게도 많은 책임이 있다. 우리에게 제품을 강매하는 사람은 없다. 우리 스스로 과소비의 늪에 빠졌을 뿐.

당신이 과소비하는 원인은 여러 가지일 수 있다. 옹가로 부부처럼 찰나의 흥분을 맛보기 위해서일 수도 있지만 안정감, 수용감, 만족감과 같은 인간의 기본적인 욕구를 충족하기 위해서일 수도 있다. 이 장에서는 이와 같은 원인들에 대해 살펴보려고 한다.

하지만 뭐가 됐든 이 모든 원인에는 치명적인 구멍이 있다. 다른 데서 누릴 수 있는 것을 물질적인 소유를 통해 얻으려고 한다는 것이다. 그러니 번번이 속은 기분이 들고 실망스러울 수밖에!

당신이 필요하지도 않은 물건을 구입하는 원인, 즉 구매를 유발하는 내면의 숨겨진 동기를 분석하면 소유욕이 힘을 잃을 것이다. 작은 삶을 통해 진정한 행복과 인생의 의미를 찾을 수 있을 것이다. 하지만 그러기에 앞서 거쳐야 할 과정이 있다.

물건을 비우자
내가 보이기 시작했다

3장에서 설명했다시피 '작은 삶'을 시작하는 것만으로도 인생의 목표가 명확해진다. 내적인 동기에 있어서도 그와 비슷한 과정이 이루어진다. 불필요한 물건들을 처분하기 시작하면 자아 발견이 이루어지고 내면의 숨겨진 동기와 직면할 수밖에 없다.

집안을 정리하기 시작했을 때 우리 부부는 엄청난 분량의 물품을 자선단체에 기증했다. 기증품을 차에 싣고 맨 처음 자선단체로 향했을 때만 해도 기분이 좋았다. 두 번째와 세 번째에도 그랬다. 점점 자유롭고 마음이 가벼워지는 느낌이었다.

하지만 네 번째로 물건을 기증하고 돌아왔을 때부터 난감한 질문이 시작됐다. "도대체 필요도 없는 물건을 네 트럭씩 쌓아놓고 지낸 이유가 뭐였을까? 애초에 이렇게 넘치도록 산 이유가 뭐지? 무슨 생각으로 그랬던 걸까?"

결국 이런 생각이 들었다. '어쩌면 나는 생각보다 물욕이 있는지 몰라. 어쩌면 나는 생각보다 세상의 유혹에 더 약한지 몰라. 어쩌면 나는 입으로는 계속 아니라고 하면서 물질적인 데서 행복을 찾으려고 하고 있는지 몰라. 수많은 거짓말을 믿기 시작했는지 몰라.'

난감한 질문에 대한 난감한 답변이었다. 자신의 이런 면모를 깨달았을 때 기분 좋을 사람은 없을 것이다. 하지만 불필요한 물건들을 처분하지 않았다면 절대 몰랐을 부분이었다.

작은 삶이 자아 발견에 중요한 역할을 하는 이유가 이 때문이다. 집안에서 잡동사니를 치우기 시작하면 자기 자신에 대해 더 많은 깨달음을 얻을 수 있고 그로써 인생의 더 원대한 목표를 추구할 수 있는 기틀이 다져진다.

작은 삶을 향한 여정을 시작하면서 꼼꼼한 자기 평가가 이루어지면 내면의 동기들이 드러나기 시작한다. 인간의 기본적인 욕구를 엉뚱한 방향으로 해소하려고 하면 과소비로 이어지는데, 그중 대표적인 것이 바로 '안정감'이다.

돈이라는 요새를 포기하다

곰곰이 생각해보자. 내가 뭘 많이 사는 이유가 그렇게 하면 불확실한 세상 속에서 보호받을 수 있을 거라는 생각 때문일까? 만약 그렇다면 그로 인해 어떤 대가를 치러야 할까?

우리 사회에는 소유를 통해 안정을 찾을 수 있다고 믿는 사람들이 너무 많다. 물론 아주 일리가 없는 얘기는 아니다. 의식주는 생존의 필수조건이다. 하지만 사실 생필품의 개수는 많지 않고 우리들 대부분은 이미 그걸 가지고 있다.

우리는 필요와 욕구를, 안정감과 위안을 너무 쉽게 혼동한다. 그래서 안정감을 핑계 삼아 이것저것 잔뜩 사서 모으지만 사실은 위안을(혹은 쾌감을) 축적하는 것에 불과하다. 우리는 그 많은 것들을 장만하느라 더 오랜 시간 동안 일에 매달린다. 그리고 그걸 보관하기 위해 점점 집을 넓힌다.

우리는 두둑한 연봉과 제법 액수가 큰 통장을 보유한 미래를 꿈꾼다. 그것만 있으면 오래도록 안정감을 누릴 수 있을 거라고 생각하기 때문에 항상 그걸 손에 넣을 방법을 고민한다. 가족이나 친구 등 인생의 다른 부분을 희생하더라도 어쩔 수 없다고 생각한다. 안정감이 워낙 중요하게 느껴지기 때문에 더 많은 것을 소유하기 위한 질주를 멈출 수 없다.

어느 날 나는 한 여성으로부터 아주 심란한 이메일을 받았다.

저는 아들 셋을 키우는 워킹맘이에요. 외벌이로 다섯 명의 가족을 먹여 살릴 수 있는 방법을 인터넷으로 검색하다 당신의 홈페이지를 발견했어요.

우리 부부는 지난 15년 동안 커리어를 쌓느라 뼈 빠지게 일을 했어요. 그 과정에서 재산을 많이 늘렸죠. 처음부터 그렇게 속물 근성이 있었던 건 아니에요. 하지만 한 해, 두 해 보내는 동안 넓은 집에서부터 심지어 호숫가의 소박한 별장에 이르기까지 욕심이 점점 커졌어요.

그런데 2주 전에 여덟 살 난 아들이 친구한테 하는 얘기를 들었어요. "우리 엄마아빠는 집에 잘 없어. 그래서 자주 못 만나." 남편과 저는 그 자리에서 딱 멈춰 섰어요. 억장이 무너졌어요. 물질적인 게 정말 그 정도로 중요할까요? 아니잖아요.

우리는 지금 '방법'을 연구하는 중이에요. 비용을 계산해보고, 호숫가의 통나무집에 살 세입자를 찾고, 남편은 회사를 그만두고 전업주부가 되는 길을 모색하고 있어요. 도움이 될 만한 조언을 들을 수 있을까요?

이들 부부는 일을 해야 한다고 생각했다. 돈을 더 많이 벌고 뭔가를 더 갖추어야 한다고 생각했다. 장시간 노동의 결실 없이는 가족이 안정적이고 풍요롭게 지낼 수 없다고 철석같이 믿고 지냈다. 그러다 가족에게 정말로 필요한 것이 아니라 전혀 엉뚱한 것에 스스로 집착하고 있었음을 깨달은 것이다.

물질적 가치 vs
인간관계

예측불가능한 세상에서의 삶은 하루하루가 위태롭다. 그러니 너나 할 것 없이 안정감을 갈망할 수밖에 없다.

하지만 일시적인 소유로는 지속적인 안정감을 누릴 수 없다. 일상의 변수는 너무 많은 데 반해 소유의 보호능력은 너무 약하다. 우리가 점점 더 많은 것에 욕심을 부리는 이유가 그 때문이다. 온전한 안정감을 느끼고 싶기 때문이다.

그렇다면 어떻게 해야 안정감의 욕구를 충족할 수 있을까? 점점 더 많은 것에 욕심을 부리느라 종종 희생당하는 '인간관계'에 그 해답이 있다.

예일대학교 심리학과 교수인 마거릿 클라크Margaret Clark의 설명에 따르면 재물과 힘이 되어주는 인간관계, 양쪽 모두 안정감을 선물할 수 있다고 한다. 하지만 이 둘의 균형은 방심하면 무너질 가능성이 있다. 클라크는 이렇게 주장한다.

"인간은 약점이 있는 사회적 동물이다. 그런 인간의 보호막이 되어주는 것이 친밀한 관계다. 예를 들어 젖먹이는 다른 사람들이 없으면 목숨을 부지할 수 없다. 하지만 물질적인 부분도 보호막과 안정감을 제공한다. 인간의 생존에는 의식주가 필요하다. 결론적으로 인간관계, 물질 등 여러 가지가 합쳐져야 안정감을 느낄 수 있다는 말이다. 그런데 한 가지에만 집중하면 다른 데에는 소홀할 수밖에 없다."

클라크 교수는 동료들과 함께 진행한 두 개의 연구결과를 근거로 이런 결론을 내렸다. 그들이 내린 결론에 따르면 인간관계에서 안정감을 느끼지 못하는 사람일수록 남들보다 물질적인 부분을 더 중요하게 여기는 경우가 많았다.

나는 역방향도 성립된다고 생각한다. 물질적인 부분을 과대평가하는 사람일수록 인간관계를 과소평가하고 거기에 별로 신경 쓰지 않는 성향이 높다고 말이다.

만약 당신이 넘치게 사서 모으는 이유가 그걸 통해 안정감을 누리고 싶기 때문이라는 결론이 내려졌다면 소비와 소유를 줄이고 주변 사람들에게 좀 더 많은 관심과 정성을 쏟기 바란다. 가족, 친구들과 풍요로운 관계를 맺으면 사는 게 즐거워질 뿐 아니라 그 튼튼한 울타리 안에서 안정감을 누릴 수 있다. 그와 동시에 주변 사람들에게도 안정감과 만족감을 선물할 수 있으니 돈으로 나만의 요새를 쌓는 것보다 훨씬 생산적이지 않은가!

이제는 돈과 물질적인 소유를 믿지 말자. 그것으로는 절대 안정 감을 느낄 수 없다. 불필요한 소유를 최소화하면 자유롭게 안정감의 진정한 원천을 찾아 나설 수 있다.

이것이 넘치게 사서 모으는 습관을 유발하는 내적인 동기 중 하나라면 또 다른 동기는 '사회의 인정'이다.

정상과 비정상의
새 기준

아무래도 아이들에게 안경을 씌워야 할 것 같았다. 세일럼과 알렉사 Alexa, 두 아이 모두 시계와 작은 글씨를 볼 때마다 눈을 찡그리기 시작했다. 그래서 안과에 데리고 갔더니 아니나 다를까, 안경 처방전을 써주었다.

재미있는 건 안경에 대한 두 아이의 반응이었다.

초등학교에 다니는 알렉사는 보라색 테를 선택했고 안경 쓰는 걸 어느 정도 좋아했다. "귀엽다"고 한 친구들의 평가가 분명 도움이 됐다.

하지만 이제 막 10대로 접어든 아들 세일럼은 안경을 어떻게 받아들였을까?

집에서는 아무 문제없었다. 안경을 쓰면 컴퓨터 화면도 더 잘 보였고, 책도 더 쉽게 읽을 수 있었고, 일어나서 가까이 다가가지 않아도 오븐 위에 달린 시계를 볼 수 있었다. 하지만 친구들과 함께 있을 때는 질색하며 꼭 필요한 경우가 아니면 안경을 쓰지 않았다. 창피하기 때문이었다.

세상에는 달라지지 않는 일도 있는 법이다. 나도 세일럼의 나이 때 똑같은 이유로 창피해했던 기억이 나니 말이다.

창피하다는 것은 어린애들만 느끼는 감정이라고 얘기할 수 있으면 얼마나 좋을까. 하지만 우리는 나이를 먹어도 계속 창피함을 느끼고 창피해질 상황에 놓일까봐 두려워한다. 차이가 있다면 창피해지는 이유가 달라진다는 것이다. 나이를 먹은 뒤에는 대개 남들에게는 있는 것이 내게는 없거나 제법 값이 나가는 뭔가가 없을 때 창피하다고 생각한다. 이제는 안경이 문제가 아니다. 차, 집, 여행 등 남들이 샀거나 사고 싶어 하는 온갖 것들이 문제다.

우리가 그럴 때 창피하다고 생각하는 이유는 '정상'을 규정하는 기본 전제 때문이다. 정상적이라는 걸 창피하게 여기는 사람은 없다. 하지만 거기서 벗어나면 창피해질 수 있다.

그러나 정상의 기준은 매우 주관적이고 주변 집단의 영향을 많이 받는다. 예를 들어 옷만 해도 그렇다.

감히 장담하지만 당신은 친구들과 옷차림이 비슷할 것이다. 좋아하는 스타일이 같지는 않아도, 옷의 양과 질은 크게 차이나지 않을 것이다. 같은 곳에서 옷을 살 때도 있고 옷장의 크기도 비슷할 것이다. 어쩌면 사는 옷의 가격도 큰 차이가 없을 것이다.

왜 그럴까?

그건 우리가 비슷한 사람들과 어울리는 것을 좋아하기 때문이다. 그런 사람들과 함께 있을 때면 편안함과 소속감을 느낄 수 있다.

하지만 늘 어울리던 그룹에서 떨어져나오면 평소에는 두 번 생각하지도 않았을 일들에 남들의 시선을 의식하게 된다.

당신보다 사회경제적으로 계급이 높은 사람들이 오는 파티나 회사 행사에 참석했다고 가정해보자. 그들은 근사한 드레스와 수제 양복을 입고 등장한다. 문득 당신이 평소에 아무 거리낌 없이 입고 다녔던 옷이 부적절하게 느껴지기 시작한다. 낡아서 후줄근하고 몸에 잘 안 맞고 주변 사람들이 입은 옷에 비해 저렴해 보인다. 바로 이 순간에 당신은 창피해지는데, 평소와 다른 옷을 입어서 그런 게 아니라 주변의 기준이 갑작스럽게 달라졌기 때문이다.

누구나 그런 반응을 보일 수 있다. 하지만 '정상'의 기준이 얼마나 임의적인지 느낄 수 있는 대목이다. 그리고 우리가 뭘 너무 많이 사는 이유도 남들에게 인정을 받고 싶고, 그것을 통해 '정상적'이라는 편안함을 느끼고 싶어 하기 때문이라는 것을 보여주는 대목이기도 하다.

우리는 외모와 물질적인 부분에 신경 쓰고 개인의 이익을 추구하는 것을 정상으로 간주하는 사회에서 살고 있기 때문에 그 분야에서 사회적인 기준에 못 미치면 난처하고 부끄러워진다. 작년에 유행한 옷을 입고 있으면, 옆집 사람보다 저렴한 차를 몰고 있으면, 친구보다 작은 집에 살고 있으면 창피해진다. 낡은 카펫에 대해 사과하고, 한물 간 부엌에 대해 변명을 늘어놓고, 왜 이런 싱크대를 계속 쓰고 있는지 굳이 설명하려고 든다.

우리는 이렇게 엉뚱한 것에 창피해하고 있다! 사회의 기준과 인정은 창피하게 여길 만한 대목이 아니다.

입은 옷의 브랜드가 아니라 드레스 룸이 너무 넓은 걸 창피하게 여기면 어떨까?

타고 다니는 차의 종류가 아니라 자가용이라는 호사를 너무 당연시하고 있다는 걸 창피하게 여기면 어떨까?

우리 집이 너무 작은 것보다 그 안에 쓰이지 않는 공간이 너무 많다는 걸 창피하게 여기면 어떨까?

재산의 양과 질이 아니라 이기적인 용도로 쓰는 돈의 액수를 창피하게 여기면 어떨까?

지나침을 창피하게 여기면 어떨까? 그리고 관용을 최우선시하는 책임감 있는 삶을 기준으로 삼으면 어떨까?

나만의 기준을 만들면 '정상'이라는 것을 좀 더 자랑스럽게 생각할 수 있을지 모른다.

남들에게 사랑과 인정을 받고 싶어 너무 많은 걸 사들이고 너무 많은 돈을 쓰고 있지는 않은가? 허용이 되는 것과 정상적인 것의 기준을 바꾸면 창피함에서 자유로워질 수 있고 이 세상에 좀 더 긍정적인 영향을 미칠 수 있다.

만족은 어디에서 오는가

안정감을 누리고 사회적으로 인정받고 싶어 하는 것은 우리가 넘치게 사서 모으면 충족할 수 있다고 착각하기 쉬운 인간의 두 가지 기본적인 욕구다. 하지만 이쯤에서 들여다보고 싶은 또 한 가지 욕구가 있으니 바로 '만족감'이다. 인간이라면 누구나 목적지에 다다랐다는 기분을 느끼고 싶어 한다. 원하던 모든 걸 손에 넣었으니 이제 됐다는 기분을 느끼고 싶어 한다. 만족이라는 세상으로 건너가고 싶어 한다.

사람들은 여러 지점에서 만족감을 찾으려 한다. 어떤 사람들은 연봉이 높은 직장에서 만족감을 찾으려다 연봉 인상 대상에서 제외되는 순간 언짢아한다. 어떤 사람들은 넓은 집에서 만족감을 찾으려다 보수나 수리가 필요한 곳이 생길 때마다 언짢아한다. 대다수가 하나만 더 사면 될 거라고 믿으며 백화점에서 만족감을 찾으려 하지만 바리바리 사들고 집으로 돌아왔을 때에도 여전히 허전함을 느낀다.

이렇듯 만족감이 한 발 다가가면 한 발 멀어지는 목적지처럼 느껴지는 것은 어쩔 수 없는 현상이다. 물질적인 풍요에서 그걸 찾으려고 하면 그럴 수밖에 없다. 우리가 엉뚱한 데서 만족감을 찾으라는 세뇌교육을 받고 있는 건 아닐까?

사실은 정반대 방향에서 만족감을 찾을 수 있을지 모른다. 자기 욕심을 채우느라 넘치게 사서 모을 게 아니라 타인의 욕구를 충족시켜주는 데서 만족감을 찾을 수도 있지 않을까?

필요한 게 적을수록 줄 수 있는 게 많아진다는 말은 사실이다. 그런데 그 반대의 경우도 맞는 말이라면 어떻게 될까? 많이 줄수록 필요한 게 적어진다면? 그러니까 넉넉한 마음이 만족감으로 이어진다면?

남들에게 잘 퍼주는 사람은 남은 걸 귀하게 여긴다. 남들에게 시간을 잘 내주는 사람은 남은 시간을 잘 활용한다. 기부를 잘하는 사람은 남은 돈을 더 알뜰하게 쓴다.

남을 돕고 남을 위해 돈과 소유물과 시간을 할애하면(11장에서 좀 더 자세히 짚고 넘어갈 주제이기도 하다) 만족스러운 삶을 사는 법을 터득하게 된다. 내가 어떤 걸 가지고 있고 어떤 사람이며 어떤 걸 줄 수 있는지 더 잘 파악할 수 있게 된다.

마음이 넉넉한 사람들은 물욕이 별로 없다. 그들은 물질적인 추구가 아닌 다른 데서 성취감과 의미와 가치를 찾기 때문이다. 이미 가지고 있는 것에서 기쁨을 누리고 남은 것은 베푼다. 만족감은 놀라우리만치 가까운 데 있다는 비밀을 깨닫는다.

따라서 엉뚱한 곳에서 만족감을 찾느라 너무 과하게 욕심을 부리고 있다면 사고방식을 바꾸어보자. '……가 있으면 행복할 텐데'라는 생각을 버리자. 뭘 손에 넣어야 행복해지는 게 아니다. 행복해지겠다고 결심한 사람만 행복해질 수 있다. 어쩌면 이것이야말로 가장 중요한 삶의 지혜일지 모른다.

아내와 내가 작은 삶을 살기로 결심한 데에는 여러 가지 이유가 있었다. 잡동사니라면 지긋지긋했다. 경제적으로 어려움에 부딪쳤다. 잡동사니를 관리하느라 시간을 낭비하고 있다는 사실을 깨달았다. 거기서 아무 즐거움도 느낄 수 없었다. 그리고 우리는 소유물보다 다른 것들이 훨씬 더 소중했다.

집안을 정리하고 필요 없는 살림을 없애다보니 자동적으로 마음이 넉넉해졌다. 우리가 처분하려는 물건을 필요로 하는 사람은 금세 찾을 수 있었다.

그러는 과정에서 우리는 기부가 소유보다 훨씬 보람 있다는 사실을 깨달았다. 소유와 과잉을 대하는 우리의 시각이 180도 달라졌다. 이제는 뭔가를 더 갖고 싶다는 생각이 들지 않는다. 베푸는 데서 느껴지는 풍요로움을 좀 더 만끽하고 싶다는 생각이 들었다.

만족감이 우리 집에 둥지를 튼 것이다.

소비 본능과의
전쟁

○

안정감을 느끼고, 주변의 인정을 받고, 목적지에 다다랐다는 만족감을 느끼고 싶은 것은 자연스러운 본능이다. 그렇게 바라는 것 자체에는 아무 문제가 없다. 하지만 돈을 많이 벌고 넘치도록 소유하는 것으로 그 본능을 해결할 수 있다고 생각하면 누구나 십중팔구 실망하게 되어 있다.

안정감, 소속감, 만족감 말고도 충동구매를 부추기는 또 다른 숨겨진 동기가 있을지 모른다. 파헤쳐보면 무분별한 동기들이 추가로 등장할 것이다. 쉽지 않은 일이겠지만 어떤 동기들이 있는지 알아내는 것도 중요한 작업이다. 열등감을 과소비로 보상하려는 사람도 있을 것이다. 친구나 주변 인물이 부러워 똑같이 수준을 맞추려고 그러는 사람도 있을 것이다. 게다가 우리는 대체로 이기적이다.

하지만 내 경험상 안정감, 소속감, 만족감, 이 세 가지를 향한 욕구는 거의 누구나 공통적으로 느끼는 감정이다. 그리고 다시 한 번 강조하지만 이 욕구 자체는 전혀 문제없다. 물질적인 것으로 이 욕구를 충족시키려면 한계가 따를 뿐이다. 우리의 자연스러운 본능을 살짝 비틀어야 하는 이유도 그 때문이다.

- 과소비가 아니라 주변 사람들과의 애정 어린 관계에서 안정감을 누리자.
- 주변 사람들과 똑같은 것을 가짐으로써 인정을 받으려고 할 게 아니라 스스로 생각하는 성공적인 삶의 정의를 재정립하자.
- 이것저것 사들이며 만족감을 찾아다닐 게 아니라 현재 가지고 있는 것에 감사하고 필요 없는 것을 내줌으로써 만족감이 제 발로 찾아오도록 하자.

우리의 본능을 좌우하려는 전쟁은 영원히 계속될 것이다. 당분간 작은 삶을 추구했다가도 언제든 다시 물질만능주의의 유혹에 넘어갈 수 있다.

그럴 때마다 숨겨진 이유를 파악하고, 돈을 비롯한 어떤 상품이 약속하는 거짓 행복이 아니라 진정한 행복을 향해 방향을 틀어야 한다.

이제 작은 삶을 시작할 준비가 끝나고 실전에 돌입해야 하는 순간이 찾아왔다. 당신의 집은 이제 달라 보이기 시작할 것이다. 필요 없는 잡동사니가 사라지는 한편, 새로운 가능성이 모습을 드러낼 것이다.

앞으로 이 책에서는

- 쉬운 곳에서부터 삶의 군더더기를 줄여서(6장)

- 어려운 곳으로 점차 넓혀나가고(7장)

- 실험을 통해 실생활에 필요한 물건이 얼마나 적은지 파악하고(8장)

- 변화가 영원히 정착될 수 있도록 새로운 습관을 들이는 방법(9장)에 대해 이야기할 것이다.

한 장을 읽고 나서 필요 없는 잡동사니를 몇 개 치우고, 다시 한 장을 읽고 나서 또 몇 개 치우는 식으로 짬짬이 실천에 옮기기 바란다. 아직 작은 삶을 시작하지 않았다면, 이제 작은 삶을 통해 보다 나은 삶의 길을 찾을 때가 됐다.

6장 —

쉬운 것부터 차근차근

"필요한 최소한의 물건보다 더 많이 소유하는 것은
곧 새로운 불행을 짊어지는 것이다."

___도미니크 로로(《심플하게 산다》저자)

'작은 삶'을 실천하기로 마음먹은 사람들과 이야기를 나누다보면 대개 이런저런 물건들을 처분하는 과정을 상상하는 듯한 눈치를 보인다. 그러다 불쑥 반론을 제기한다.

"애착이 가는 물건이랑 물려받은 가보는 어쩌죠?"

"책은요?"

"아이들 장난감은요?"

"취미용품은요?"

"남편은 절대 찬성하지 않을 텐데. 그 사람 물건은 어떻게 해야 하죠?"

제각기 다른 질문이지만 찬찬히 들여다보면 공통점이 있다는 것을 알 수 있다. 바로 그 공통점 때문에 많은 사람들이 좀 더 자유로운 삶을 시작해보기도 전에 좌절하고 만다는 것이다.

위의 질문들을 다시 한 번 들여다보면 각자 가보, 책, 장난감, 취미용품, 사랑하는 사람의 물건 등 가장 치우기 어려운 물건에 초점을 맞추고 있다. 각자 집안에서 정리하기 가장 힘든 부분만 열심히 생각해내고 있다. 그 심정이 이해는 되지만 내 눈에는 기회가 아니라 장애물에 초점을 맞추는 것처럼 보인다.

나는 그렇게 묻는 사람이 있을 때마다 항상 이렇게 대답한다. "어려운 데서부터 시작할 필요 없어요. 쉬운 것부터 시작하세요. 소소한 것부터. 시작이 반이에요."

내가 당신에게 하고 싶은 말도 이거다.

시작부터 가장 거창한 부분에 대해 걱정할 필요는 없다. 가장 쉬운 데서부터 시작하면 된다. 차 내부나 서랍, 거실 아니면 욕실 수납장에서부터 슬슬 시동을 걸어도 좋다. 여기서 성공을 경험하고 단순한 삶의 장점을 느끼고 나면 집안과 인생의 좀 더 도전적인 과제를 해결하는 데 필요한 기술을 터득할 수 있다.

좀 더 심오한 주제와 깨끗하게 정리하기 어려운 삶의 부분들은 나중에 짚고 넘어갈 것이다. 앞서 나온 궁금증의 해답과 장애물을 극복할 수 있는 방법은 그때 함께 고민해보자. 하지만 지금은 물질의 노예가 되었던 삶을 조금씩 되찾자고 제안하고 싶다. 앞에서도 얘기했다시피 작은 삶의 정의와 실천 방식은 사람마다 다르다. 하지만 맨 처음 시작할 때 누구든 쉽게 활용할 수 있는 공통적인 비법이 있다.

확실한 이유부터
설정하라

○

먼저 작은 삶의 정의부터 다시 되짚어보자. '작은 삶'이란 우리가 가장 소중하게 여기는 것들을 의도적으로 추구하고 거기에 집중할 수 없게 만드는 것들은 제거하는 삶이다. 지금 여기서는 잡동사니를 정리하는 부분에 대해 이야기하고 있지만 작은 삶의 궁극적인 목적은 인생의 목표를 좀 더 쉽게 이룰 수 있는 지점으로 이동하는 것이다. 따라서 작은 삶의 첫 단계는 이것이 되어야 한다. 집안의 물건을 치우기에 앞서 차분하게 앉아서 작은 삶을 원하는 이유를 한 가지 이상 생각해보는 것. 당신도 지금 바로 생각해보기 바란다. 나올 만한 답은 무궁무진하며 각자의 성격과 목적과 가치관에 따라 다를 것이다.

목표를 지금 당장 하나하나 완벽히 정하라는 이야기가 아니다. 3장에서 나는 목표가 있어야 삶의 군더더기를 줄이는 작업이 추진력을 얻을 수 있고 삶의 군더더기를 줄여야 목표가 좀 더 뚜렷해진다고 얘기했다. 하지만 지금은 그걸 염두에 두기만 하고 일단 이유를 적어보자. 여기 몇 가지 예가 있다.

- 빚을 갚고 은퇴자금을 모으고 싶다.
- 정신없이 바쁜 일과에서 벗어나고 싶다.

- 연로하신 부모님을 돕고 싶다.

- 5대륙의 산에 오르고 싶다.

- 아이티의 병원에서 1년 동안 자원봉사를 하고 싶다.

- 살림을 줄여 조그만 아파트로 옮기고 싶다.

- 음악 레슨 일을 그만두고 실내악단에 입단하고 싶다.

- 저녁마다 집을 정리할 게 아니라 가족들과 시간을 보내고 싶다.

- 난장판인 집을 걱정할 일 없이 사람들을 초대하고 싶다.

목표를 적었으면 잘 보이는 곳에 붙여놓자. 그러면 두고두고 귀한 원동력이 될 것이다. 앞으로 작은 삶을 지향하다보면 자극이 절실하게 필요한 순간이 찾아올 것이다. 그런 때 자극을 받지 못하면 자선단체에 기증할 물건을 모으는 이유를 잊어버릴 수도 있고, 온라인 중고시장에 내놓으려 했던 그릇 진열장을 그대로 방치할 수도 있다.

먼저 그 정도의 노력을 기울일 만한 가치가 있다는 확신이 있어야 공간과 삶을 정리할 수 있다. 목표를 적어서 붙여놓으면 작은 삶을 시작한 이유가 뭔지 계속 상기할 수 있다. 이것은 그리 어려운 일도 아니다.

하지만 이건 시작에 불과하다.

공략하기 쉬운 곳부터
선택하라

○

목표를 적었으면 우선 주변을 둘러보자. 어디부터 정리를 시작하면 좋을까?

결정하기 어렵지 않을 것이다. 당신도 80/20의 법칙을 들어보았는지 모르겠다. 일반론이기는 하지만 삶의 여러 부분에서 맞아떨어지는 것으로 밝혀진 이 법칙을 가재도구에 적용하면 하루 중 80퍼센트의 시간 동안 우리가 가지고 있는 물건의 20퍼센트를 쓰고, 나머지 80퍼센트는 고작 20퍼센트의 시간 동안 쓴다는 얘기가 된다. 그러니까 거의 하루 종일 가만히 한 자리만 지키고 있는 그 80퍼센트 안에 간단하게 정리할 수 있는 물건들이 무궁무진할 것이다.

우선 집안에서 자주 활용하는 공간부터 정리하는 게 좋다. 특히 거실, 방, 욕실이 출발점으로 안성맞춤이다. 대개 부엌이나 작업실이나 다락방보다 잡동사니를 더 쉽고 빠르게 정리할 수 있다. 게다가 자주 활용하는 공간의 달라진 면모를 느끼면 작은 삶의 장점을 금세 실감할 수 있다. 거실을 정리하면 좀 더 평화롭게, 집중적으로 휴식을 취하거나 가족과 시간을 보낼 수 있다. 욕실을 정리하면 아침에 준비하는 데 드는 시간이 단축된다. 방을 정리하면 밤낮으로 그 효과를 만끽할 수 있다.

지금은 쉬운 곳을 선택해 신속하게 성과를 거두고 추진력을 얻어야 하는 단계라는 것을 명심해야 한다. 하루 중에서 가장 많은 시간을 보내는 공간을 공략하자. 몇 시간이면 될 것이다. 아직은 힘든 결단을 내릴 필요가 없다. 쉽게 이별할 수 있는 물건들, 집안에 더 이상 두고 싶지 않은 물건들, 진작 치웠어야 하는 물건들을 상자에 담고 한쪽 옆으로 치워두기만 하면 된다. 솎아내기는 나중에 하면 된다.

여기서 청소가 다 끝난 건 아니다. 아직 집안을 전부 정리하지 않았다. 그래도 결과물을 보면 '충분하되 넘치지 않는 집'에서 풍기는 평화로운 분위기를 느낄 수 있을 것이다.

내 경우에는 제일 먼저 손을 댄 공간이 어쩌다보니 나와 함께 어디든 이동하는 곳이었다.

작은 삶을 위한
작은 시작

○

1장에서 소개했던 것처럼 나는 어느 토요일에 차고를 청소하다 작은 삶이라는 것을 접하게 됐다. 지금 공개하는 일화는 그 후속편이라고 볼 수 있겠다.

그날 저녁 나는 차고에 다시 넣으려고 차에 올라탔다. 그러다 전에는 알아차리지 못했던 것을 느꼈다. 전혀 필요 없는 물건들이 자동차 내부 온 사방에 널브러져 있었다. 듣지 않는 CD, 쓰지 않는 지도. 뒤져보니 뒷좌석에서 봉제인형, 해피밀 장난감, 일회용 케첩, 냅킨 뭉치, 아이들의 책이 나왔다. 운전석 문짝의 수납공간에도 볼펜, 영수증, 동전이 잔뜩 들어 있었다.

여러 면에서 이 차가 내 삶의 축소판이었다. 온 사방이 지저분하고 과다했다. 하지만 이 난장판은 내가 어딜 가든 따라다닌다는 게 문제였다.

나는 심호흡을 했다. 그런 다음 이보다 더 쉬운 출발점은 없겠다는 결론을 내렸다(작은 삶에 대해 알게 된 지 몇 시간밖에 안 됐다는 사실을 기억해주기 바란다). 비닐봉지를 꺼내 차 안에 둘 필요가 없는 물건들을 모조리 집어넣었다. 등록증과 보험증서, 설명서만 글러브 박스에 남겨두고 나머지는 모두 꺼냈다. 그런 다음 봉지는 한쪽 구석에 던져놓고 나중에 정리하기로 했다.

차를 청소하는 그 간단한 행위를 통해 작은 삶을 향한 우리 가족의 여정이 정식으로 시작됐다. 청소하는 데는 15분도 채 걸리지 않았다.

그 기분 좋은 효과는 즉각적으로 느낄 수 있었다.

다음날인 일요일 아침에 나는 일찌감치 일어났다. 옷을 갈아입고 아침식사를 마친 후 차를 타러 나갔다.

나는 잡동사니 없이 새롭게 탄생한 그 차에 올라타던 순간을 지금도 생생하게 기억한다. 물리적인 공간 자체가 예전과 다르게 느껴졌다. 깨끗해지기만 한 게 아니라 더 차분해졌다. 농축된 한 줄기의 상쾌한 바람 같았다. 차에는 나의 신경을 분산시킬 만한 물건이 없었고 그 안에 있는 물건은 모두 이유가 있었다. 운전을 하는데, 머릿속이 차분해지면서 앞으로 펼쳐질 하루에 집중이 되는 게 느껴졌다.

그 차분한 느낌과 집중력을 전면으로 확대하고 싶었다. '작은 삶의 장점'을 이렇게 금세, 이렇게 쉽게 실감할 수 있다니 믿기지가 않았다.

한 번에
방 하나씩

자주 애용하는 공간(내 경우에는 자주 모는 차였지만)을 청소했으면 다음은 잡동사니를 좀 더 철저하게 줄여야 할 차례다. 한 번에 방 하나씩 차례대로 집 전체를 공략하는 것이다.

이제 좀 더 어려운 고민이 시작된다. 냉정하게, 뭘 남겨야 할까? 뭘 버려도 될까? 어떤 물건은 내 삶에 가치를 더할까? 반대로 어떤 물건은 쓸데없이 신경만 분산시킬까?

당장 고민을 해결하거나 집 전체를 서둘러서 해치울 필요는 없다는 걸 기억하자. 한 번에 한 공간씩만 집중하자. 방, 벽장 아니면 서랍이라도 좋다. 이번에도 가장 쉬운 공간에서부터 차근차근 해나가면 된다. 어떻게 하면 좋을지 모르겠는 물건이 있으면 그냥 내버려둬도 된다. 어려운 고민들은 다음 장으로 넘겨도 된다.

한 공간을 치울 때마다 최대한 세 그룹으로 나눈다.

1. 그냥 둘 것
2. 다른 데로 옮길 것
3. 처분할 것

이렇게 분류한 다음 그냥 두기로 한 물건들은 가장 알맞은 자리에 다시 갖다놓는다. 괜히 신경을 분산시키지 않도록 가능한 한 보이지 않는 곳에 둔다. 그리고 정리할 때는 가장 자주 쓰는 물건을 선반의 앞쪽에, 가장 덜 쓰는 물건을 뒤쪽에 둔다.

그런 다음 다른 데로 옮길 물건들을 적당한 자리로 옮긴다. 예를 들어 복도에서 장난감을 주웠다면 장난감 정리함에 넣는다. 의자 등받이에 걸쳐져 있는 아이의 옷은 빨래 바구니에 넣는다. 생각해보니 그 빨래는 아이에게 직접 바구니에 갖다 넣으라고 하는 게 맞겠다.

마지막으로 처분할 물건들을 다시 4개의 그룹으로 나눈다.

기증할 것, 판매할 것, 재활용할 것, 버릴 것.

그런 다음 각 그룹을 알맞게 처리한다. 필요 이상으로 오래 방치하지는 않는다. 그랬다가는 다시 온 사방으로 흩뿌려져 난장판에서 탈출할 길이 요원해진다.

한 공간을 치울 때는 모든 물건을 하나씩 만져보는 게 좋다. 정리정돈 전문가도 똑같은 말을 하겠지만 직접 만져보면서 정리해야 결단을 내릴 수가 있다. 눈으로 대충 훑기만 하면 그냥 내버려두기 십상이다.

집안의 모든 물건을 하나씩 만져본다는 생각만으로도 부담감이 느껴진다면 이런 말하기 미안하지만 그동안 넘치게 사서 모아놓았다는 증거다. 이 증거를 원동력으로 삼으면 빠른 판단을 내릴 수 있을 것이다. 사야겠다 싶은 상품이 보이더라도 정말 그런지 다시 한번 고민하게 될 것이다.

불필요한 물건을 제거해나가다 보면 '잡동사니'에 대한 나름의 정의가 만들어진다. 초기에 우리 부부는 1)좁은 공간에 뭐가 너무 많거나 2)더 이상 사용하지 않거나(또는 더 이상 아끼지 않거나) 3)지저분한 인상을 풍기면 잡동사니로 정의했다. 하지만 이보다 좀 더 공감이 가는 당신만의 정의를 만들 수도 있겠다. 예를 들어 조슈아 필즈 밀번Joshua Fields Millburn은 삶에 "가치를 더하지 않는" 모든 것을 잡동사니로 지칭한다. 곤도 마리에Marie Kondo는 "환희가 느껴지지 않는" 것은 잡동사니라고 한다. 피터 월시Peter Walsh는 여기서 한 걸음 더 나아가 "제대로 된 삶을 방해하는" 모든 것이 잡동사니라고 한다. 그리고 윌리엄 모리스William Morris는 이렇게 표현한다. "쓸모 있는지 모르겠거나 예쁘다고 생각되지 않는 물건은 집안에 절대 두지 말라."

이처럼 당신만이 공감할 수 있는 잡동사니의 의미를 정하고 거기에 해당하는 모든 걸 처분하자.

어떤 경우에는 이 단계가 쉬울 수 있다. 필요 없는 용품들이 여기저기 들어 있는 자동차. 늘어난 고무줄, 다 쓴 건전지, 잃어버린 자물쇠의 열쇠 따위로 가득한 책상 서랍. 자질구레한 것들이 수도 없이 담겨 있는 서랍장 맨 윗칸. 입지 않는 옷들이 잔뜩 걸려 있는 옷장. 더 이상 아무 의미 없는 상장. 유행이 지난 장식품.

하지만 좀 더 많은 시간과 계획이 필요한 경우도 있다. 차고나 지하실 또는 다락방. 부엌이나 작업실처럼 특정한 기능이 있는 공간. 오랫동안 수집해서 애착이 가는 물건. 미술, 요리, 운동, 음악 등 좋아하는 취미생활과 연관 있는 용품. 공용공간을 침범하기 시작한 다른 가족의 잡동사니.

이런 공간들은 앞으로 차차 얘기하기로 하고 지금 당장은 쉬운 데서부터 군더더기를 줄이기 시작하자. 소소한 성공을 맛보는 데 주안점을 두자.

이쯤에서 한 가지 경고를 하자면, 인생의 모든 것이 그렇듯 달라지고 싶은 욕구와 실질적인 변화를 혼동해서는 안 된다. 잡동사니를 정리할 생각만 하거나 거기에 대해 말만 늘어놓는들 득이 되는 건 아무것도 없다. 실질적으로 잡동사니를 정리해야 효과를 맛볼 수 있다.

변화를 운운하는 것과 변화를 실천하는 것은 다른 문제다. 그렇기 때문에 올바른 방향으로 작은 한 걸음을 옮기는 것이 중요하다.

중복되는 물건을 정리하라

○

삶의 군더더기를 줄일 때, 물건을 처분했다가 나중에 후회할까봐 겁을 내는 사람들이 많다. 그래서 그것을 '만일의 경우에 대비해' 남겨둔다. 이렇게 '만일의 경우에 대비해' 두었지만 사실 쓸 일이 거의 없는 물건들이 잡동사니의 주범이다.

나중에 후회할 일이 생길까봐 겁이 나서 이 방, 저 방 잡동사니를 없애지 못하겠다면 그걸 극복할 간단한 방법이 있다. 한 종류를 여러 개 가지고 있는 품목을 정리하는 것이다. 그러면 '만일의 경우에 대비해' 남겨둔 하나가 있으니 안심할 수 있다.

수건을 예로 들어보자. 수건은 당연히 필요하다. 하지만 개수를 줄이면 간단하게 삶의 군더더기를 줄일 수 있다. 예를 들어 4인 가족의 경우 집에 수건이 열댓 장 있을 것이다. 하지만 사실은 1인당 2장씩이면 충분할지 모른다. 한 장을 세탁하는 동안 다른 한 장을 쓰면 되지 않겠는가. 아직은 1인당 2장을 받아들일 마음의 준비가 되지 않았을지 모르겠지만 수납장에 쌓여 있는 수건을 생각해보라. 거기서 몇 장을 치우면 후련하지 않을까?

집안을 둘러보면 온 사방에 똑같은 물건들이 여러 개씩 있다. 하나만 있어도 이렇게 기분이 좋은데 여러 개 있으면 더 기분이 좋지 않을까? 이런 논리가 중복 구매로 이어진다. 수건, 침대 시트, 볼펜, 연필, 만능주걱, 컵, 옷걸이, 바지, 신발, 외투, 여행가방, 컴퓨터……한두 가지가 아니다. 심지어 집과 차까지 여러 개인 경우도 있지 않은가!

군더더기를 줄이면 믿기지 않는 일이 일어난다. 집안에 당신이 좋아하는 물건들만 남을 것이다. 그러면 고치거나 다시 사야 하는 물건도 금세 눈에 띌 테니 관리하기도 쉬워진다.

게다가 여러 개 있는 물건들을 정리하기 시작하면 처분할 수 있는 물건들이 당장 수도 없이 눈에 들어온다. 자기도 모르는 사이 작은 삶을 향해 한 발 내딛게 된다. 이것이야말로 삶의 군더더기 줄이기의 장점이라 할 수 있을 것이다.

경험담을
공유하라

○

나는 두 아이가 태어난 날을 생생하게 기억한다. 어느 부모든 그럴 것이다. 나는 아이가 태어났을 때마다 온 가족과 가까운 친구들에게 전화를 걸어 아이의 탄생 소식을 전했다. 기쁨에 겨워 당장 모든 사람들에게 이 기쁨을 전파하고 싶었다. 흥분하는 상대방의 목소리를 들으면 나도 더 흥분이 됐다.

나는 그 경험을 통해 기쁨은 나눌 때 더 커진다는 소중한 깨달음을 얻었다. 남들과 함께 할 때 진정한 기쁨을 누릴 수 있었다.

나는 출산과 같은 엄청난 순간뿐 아니라 소소한 순간들도 공유하고 싶다. 그래서 훌륭한 음식점을 찾으면 주변에 추천하고 재미있는 책을 읽으면 친구에게 얘기한다. 지름길을 발견하면 남들에게 그 길로 한번 가보라고 한다.

좋은 걸 주변과 공유하면 그들은 우리와 똑같이 기쁨을 만끽할 수 있어서 좋고, 우리는 행복을 확인받을 수 있어서 좋다.

작은 삶이라는 변화를 시도할 때도 친구, 가족, 직장 동료, 이웃 사람들과 경험담을 공유하면 어떨까? 함께 커피를 마시거나 식사를 할 때, 혹은 잡담을 나누며 '작은 삶'이라는 새로운 관심사가 생겼다고 이야기를 꺼내는 것이다. 그러면 상대방이 자기도 동참하겠다며

열띤 반응을 보일 수도 있다. 설령 그렇지 않더라도 잘해보라고 당신을 응원할 것이다. 어쩌면 다음번에 만났을 때 어떻게 돼가고 있느냐며 확인할지도 모른다. 주변 사람들과 경험담을 공유하면 애초에 삶의 군더더기를 줄이기로 한 이유를 이런 식으로 다시금 상기하게 될 것이다.

오늘 당장 ○
시작하라

한 걸음씩 차근차근 소유를 줄이는 방법을 정리하자면 다음과 같다.

- 목표를 적는다.
- 쉬운 데서부터 잡동사니를 처분한다.
- 한 방씩 차례대로 버릴 건 버리고, 정리할 건 정리한다.
- 집안을 한 바퀴 돌면서 여러 개 있는 물품을 한 개만 남기고 모두 없앤다.
- 나중에도 계속 자극을 받을 수 있도록 주변 사람들과 경험담을 공유한다.

살아가는 데 필요한 물건이 과연 어느 정도인가에 대해서는 할 이야기가 아직 많이 남아 있다. 하지만 지금 당장은 누구든 할 수 있는 이 5단계면 충분하다. 과소유의 부담에서 벗어날 수 있는 좋은 방법이 생각나면 추가해도 좋다. 처음에는 쉬운 데서부터 시작하면 된다는 것만 기억하고 있으면 된다.

그러니까 오늘 당장 시작하자. 다음 장으로 넘어가기 전에 서랍이 됐건 벽장이 됐건 쉬워 보이는 곳부터 골라서 치워보자.

7장 — 줄일 수 없다는 거짓말

"감정적인 이유로 물건을 없애지 못한다면,

그리고 그 감정이 짐으로 느껴진다면,

바로 그때가 그 물건을 없애야 하는 순간이다."

___**조슈아 필즈 밀번**(미니멀리스트이자 작가)

집을 치우기 시작하면 어려운 고민들이 고개를 내밀게 되어 있다. 그걸 피할 방법은 없다. 집안이 정리가 되면 결국 끝까지 미뤄두었던 물건들과 마주하는 수밖에 없다. 여기가 바로 난관이다.

이 장에서는 집안의 군더더기를 줄일 때 일반적으로 가장 치우기 힘들어하는 부분을 집중적으로 파헤쳐보려고 한다.

- 책
- 서류
- 첨단 기기
- 기념품
- 그리고 두 가지 더

각 문제 지점의 특징을 설명하고 그 지점을 무사히 통과할 수 있도록 현실적인 조언을 곁들일 것이다. 각자 유난히 공감이 되는 부분이 있을 수도 있겠지만 주제는 하나다. 포기하면 얻는 게 더 많다는 것.

허황된 꿈
비우는 법   ○

《100개만으로 살아보기 The 100Thing Challenge》를 출간한 데이브 브루노 Dave Bruno는 '가장 없애기 힘들었던 물건들'이라는 장에서 차고에 두 었던 목공 도구를 모조리 처분하기로 마음먹은 순간에 대해 이야기 한다. 몇 년에 걸쳐 한두 개씩 모아온 거라 애착이 가는 물품이었지만 소유물을 100개로 줄이는 프로젝트에 도전 중이었기 때문에 어쩔 수 없었다. 사실 그 도구들을 실제로 사용한 시간보다 완벽한 작업실을 꿈꾸며 보낸 시간이 더 많았다. 그렇기 때문에 처분해야 했다.

데이브는 목공 도구를 넘길 적임자를 찾았고, 픽업트럭에 실린 도구들이 그의 품을 영영 떠나는 것을 바라보았다. "목공의 대가가 되겠다는 포부가 이렇게 나중을 기약하게 됐다. 나는 이제 100가지 물건만으로 1년을 살아야 할 뿐 아니라 주말마다 예술가인 척할 수 없게 됐다."

목공 도구를 없앤 것은 데이브의 입장에서는 꿈이 하나 사라진 거나 다름없었다. "앞으로는 목공의 대가가 되는 상상을 하지 않으 려고 노력해야겠다······ 현실 속의 나는 그 이미지에 부합하지 않는 다······ 내가 비록 지금도 그렇고 앞으로도 목공의 대가가 될 가능성 은 없었지만 그래도 희망을 포기하려니 쉽지 않았다."

소유물을 처분하다보면 자신이 꿈꾸던 이미지를 포기해야 하는 경우도 생긴다. 작은 삶을 추구하다보면 꿈을 접어야 하는 경우도 생길지 모른다.

하지만 이게 항상 나쁜 건 아니다. 지금 당장은 힘들지 몰라도 꼭 필요한 과정일지 모른다. 꿈꾸던 이미지를 포기해야 자신의 진정한 가능성을 온전히 직시할 수 있기 때문이다.

소유를 줄이다 힘든 지점에 다다랐을 때 이 사실을 기억했으면 좋겠다. 이 지점이 유난히 힘든 이유는 실제로 정리하기 어려운 물건들이기도 하지만 뭔가 중요한 걸 포기하는 듯한 느낌이 들기 때문이기도 하다. 꿈을 포기하는 정도는 아닐지 몰라도 소중한 뭔가를 잃어버릴 위기에 직면하기 때문이다.

따라서 이 힘든 지점을 통과하려면 헤어지기 어려운 물건을 포기한 대가로 훨씬 근사한 선물이 기다리고 있다고 되뇌어야 한다. 정말 아끼기는 하지만 별 쓸모는 없는 물건에 미련을 두는 것보다 작은 삶을 선택하는 쪽이 낫다고 말이다.

떠나보내야 한다는 것을 알면서도 선뜻 포기가 되지 않을 때는 줄일수록 더 풍성한 삶이 된다는 사실을 기억하면 망설임의 끈을 끊을 수 있다.

책꽂이에
정리할 수 있는 만큼만

○

나는 작은 삶을 실천하기 시작한 지 6주가 지났을 때 뜻밖의 이메일을 받았다. 전 직원이 사무실 청소에 의무적으로 참여하라는 직장 상사의 이메일이었다. 대형 쓰레기통을 대여할 거라고 했다. 전화기는 모두 꺼놓고 약속이 있으면 변경하라고 했다. 점심은 배달시켜서 먹고 전 직원이 자기 방과 모든 공용 공간을 청소해야 된다고 했다.

아니, 일당을 받으며 사무실의 잡동사니를 정리할 수 있다니! 너무 훌륭한 소식이라 믿기지 않을 정도였다.

그 당시 내 사무실은 그야말로 난장판이었다. 컴퓨터, 책상서랍, 책꽂이에 잡동사니가 민망할 정도로 쌓여 있었다. 하루 날을 잡아서 불필요한 물건을 싹 다 정리해야 하는 단 한 사람이 있다면 그건 바로 나였다.

대청소하는 날에 나는 일찌감치 출근해 회사에 둘 필요가 없는 물건들을 모조리 없앴다. 그중에서도 1순위가 책이었다.

그날 나는 하루 동안 책꽂이 3개 분량의 책을 1개 남짓 분량으로 줄였다.

맨 먼저 묵은 참고도서부터 처분했다. 그 안에 든 대부분의 정보를 인터넷에서 더 빠르게 찾을 수 있기 때문이었다.

그 다음 차례는 한 번도 읽지 않은(그리고 현실적으로 절대 읽지 않을) 책이었다. 이 책들을 정리하고 났더니 속이 다 후련했다. 이제는 '읽어야 하는' 책들을 마주칠 때마다 부담감을 느끼지 않아도 됐다.

읽은 책들의 경우에는 종종 들여다보거나 주변에 자주 추천하는 책들만 참고용으로 남겨두었다. 그렇지 않으면 미련 없이 치웠다.

그리고 벽에 걸어놓았던 학위수여증과 자격증도 뗐다. 곰곰이 생각해보니 지금까지 이런 증서를 걸어놓았던 이유가 손님들 앞에서 자랑하기 위해서였다는 것을 깨달았기 때문이다.

따져보면 책도 마찬가지였다. 책꽂이에 책을 빼곡하게 꽂아놓았던 이유도 내가 책을 많이 읽는 똑똑한 사람이라고 손님들에게 과시하기 위해서였다.

당혹스러운 깨달음이었다. 나는 필요 없는 책의 3분의 2를 처분하며 다시는 책의 숫자로 으스대지 않겠다고 마음먹었다.

어떻게 하면 책을 최대한 줄일 수 있느냐고 묻는 사람들이 많다. 주로 애서가들이 그런 질문을 한다. 침대 옆에 소설책을 쌓아놓고, 점심시간 때 잠깐이라도 읽으려고 가방에 책을 들고 다니며, 방마다 책이 넘쳐나는 사람들 말이다.

장서가 수천 권에 달하든 수십 권에 불과하든, 전문서적이든 단순한 오락용이든 군더더기를 줄이면 도움이 된다. 당신에게는 원대한 삶의 계획이 있다. 잡동사니는, 아무리 지적인 것이라도 그 계획을 이루는 데 방해가 될 뿐이다.

　책이 문제일 때는 이런 식으로 발상을 전환하면 장서를 솎아내는 데 도움이 될지 모르겠다.

- **책이 나라는 사람을 규정하지는 않는다** 책은 보탬이 된다. 나의 정체성을 이루는 한 요소다. 하지만 많건 적건 그 자체가 나라는 사람을 규정하지는 않는다.
- **책에 얽힌 추억과 그 책은 별개다** 어떤 책의 경우에는 책을 통해 느껴지는 감정 때문에 처분하기 힘든 경우도 있다. 그럴 때는 그 감정을 차분하게 글로 정리하면 나만큼 그 책을 좋아할 만한 사람에게 넘기기가 쉬워진다.
- **좋은 책을 건네는 것도 사랑의 표현이다** 좋은 책을 내 책꽂이에 보관하고 있으면 다른 사람이 읽을 기회를 빼앗는 셈이 된다. 즐거움은 서로 공유하자.
- **적당한 수준에서 선을 긋는다** 한계를 정하면 가장 중요한 것과 조금 중요한 것을 구분하기가 쉬워진다. 책뿐 아니라 다른 물품을 정리할 때도 이 방법을 무궁무진하게 활용할 수 있다. 내 경우에는 책꽂이 3개를 1개로 줄이기로 마음먹었지만 그게 너무 가혹하게 느껴지는 사람도 있을 것이다. 상관없다. 이건 시합이 아니지 않은가. 자기만의 한계를 정해서 시험해보고 나중에 얼마든지 조정하면 된다.
- **좋아하는 책들은 남겨둔다** 장서를 줄이자는 것이지 몽땅 없애자는 것이

아니다. 좋아하는 책들은 골라서 남겨두도록 하자.

- **종이책 말고 전자책을 애용하자** 요즘은 종이책 외에도 작은 기기에 수십 권의 전자책을 저장할 수 있다. 물론 그 많은 책을 리더기에 보관한다면 그것 역시 디지털 쓰레기가 될 수 있지만 그래도 쓸데없이 신경 쓸 일과 부담이 줄고 종이책보다 훨씬 쉽게 보관할 수 있다.

종이 쓰레기로
쌓은 탑

어렸을 적 내 별명은 '종이 수집가'였다. 35년 전 일이라 지금은 조금 식상해졌지만 그 당시 나에게는 딱 맞는 별명이었다. 나는 종이라면 사족을 못 썼다.

나는 왼쪽에 스프링이 달린 모든 종류의 공책을 사랑했다. 파란색, 노란색, 초록색…… 색깔은 상관없었다. 거기에 소설도 쓰고, 그림도 그리고, 야구 통계자료도 기록하고, 야구 카드 목록도 적고, 수학 숙제도 했다. 그리고 대부분 방바닥에 지저분하게 쌓아놓았다.

나이가 들면서 공책에 대한 애정은 조금 식었지만 그래도 여전히 종이에 둘러싸여 지냈다. 이번에는 야구 통계가 아니었다. 고지서, 세금 신고서, 쿠폰, 업무 지침서, 잡지 그리고 정리할 겨를도 없이 끊이지 않고 배달되는 우편물이 문제였다.

종이 쓰레기는 처리하기가 쉽지 않다. 솔직히 나도 이 분야는 아직 완벽하게 마스터하지 못했다. 각종 우편물, 가정통신문, 회사에서 들고 오는 서류가 날마다 우리 집에 쌓인다. 수많은 가정에서 이것들은 쓰레기의 주범이자 해결하기 어려운 장애물이다.

집집마다 종이가 얼마나 많이 쌓여 있을까? 그걸로 파일 캐비닛 서랍 몇 개를 채울 수 있을지 계산해보면 된다. 파일 캐비닛 서랍 하나를 가득 채우는 데 평균 4,500장이 들어간다고 한다.

이렇게나 엄청나다니!

이 많은 걸 깔끔하게 파일로 정리해 서랍에 차곡차곡 넣었을 리도 만무하다. 어쩌지 못하고 쌓아두다가 이리 옮기고 저리 옮기는 경우가 대부분이다. 심지어 회사 중역들도 30번에서 40번까지 들었다 놓았다 한 다음에서야 종이 한 장을 처리할 수 있다고 한다.

종이를 분류하고 파일에 정리해서 보관하려면 시간과 공간이 필요할 뿐만 아니라 종이 쓰레기가 차지하는 정신적인 공간도 문제다. 리오 바바우타Leo Babauta는 "잡동사니는 우유부단의 증거이고 그걸 볼 때마다 근심이 쌓인다."고 했다. 종이 쓰레기에 이보다 더 걸맞은 표현이 있을까.

내지 않은 청구서, 읽지 않은 신문, 분류하지 않은 우편물, 끝내지 않은 업무 지침서들이 식탁과 책상 위에서 자기들을 좀 봐달라고 아우성친다. 쌓여 있는 종이더미 옆을 지날 때마다 당면 과제가 아니라 거기에 정신이 팔린다. 잡동사니들을 최대한 보이지 않도록 치워야 하는 이유도 그래야 좀 더 중요한 일에 집중할 수 있기 때문이다.

모든 서류를 디지털 형식으로 보관하는 종이 없는 일상의 가능성이 점점 확대되고 있긴 하다. 여기에 거부감이 없는 사람이라면 이런 방법도 추천하지만 이런 방법이 아니더라도 얼마든지 종이 쓰레기를 줄일 수 있다. 종이 쓰레기를 줄일 때 짚어보아야 할 중요한 부분은 세 가지다. 왜? 무엇을? 어떻게?

왜?

정리를 시작하기 전에 자문해본다. 나는 왜 종이를 모아둘까? 여기에는 여러 가지 이유가 있을 수 있다.

- 우유부단한 성격이라 처분하지 못하고 계속 나중으로 미루고 있기 때문이다.
- 정리에 소질이 없어 뒤죽박죽 방치하고 있기 때문이다.
- 어떤 걸 보관해야 하고 어떤 걸 버려도 되는지 판단하지 못했기 때문이다.
- 너무 바빠서 시간이 없기 때문에 나중에 읽고 처리하려고 모아놓는 것이다.
- 연애편지, 아이들의 작품, 신문기사에 대한 애착을 버리지 못하기 때문이다.

집안에 종이가 쌓이는 원인을 파악하지 않으면 결코 해결책을 찾을 수가 없다.

무엇을?

원인을 파악했으면 어떤 종이를 보관해야 할까, 라는 질문에는 좀 더 쉽게 대답할 수 있다.

나는 작은 삶을 실천하기 전에 금융 관련 서류를 모조리 보관했었다. 파일 캐비닛을 뒤지면 10년 전 신용카드 명세서와 공과금 영수증이 나올 정도였다. 필요할지 모른다는 생각에 보관한 거였다.

하지만 그건 착각이었다. 많은 나라에서 금융 관련 서류의 의무 보관기간을 3년으로 제한하고 있는데다 요즘은 대부분의 서류를 온라인에서 찾을 수 있기 때문에 종이로 보관하는 것이 무의미해졌다.

금융이나 법률과 상관없는 종이 쓰레기가 쌓일 때는 미술관 큐레이터의 관점에서 접근하자. 이런저런 작품들을 벽에 주렁주렁 매달아놓은 미술관보다는 몇 개의 걸작을 엄선한 미술관이 더 훌륭한 평가를 받기 마련이다. 따라서 아이들의 작품, 학창시절에 쓴 보고서, 나중에 읽고 싶은 책들 중에 가장 마음이 가는 것들만 큐레이터처럼 고르도록 하자.

왜?와 무엇을?을 해결하고 나면 새로운 습관을 확립하기가 더 쉬워진다. 이제는 어떻게 하면 종이 쓰레기를 관리할 수 있을지 고민할 차례다.

두 가지 비결은 1) 곧바로 처리하고 2)제대로 정리해서 보관하는 것이다.

집안에 종이가 생기면 곧바로 판단한 후 거기에 따라 행동한다. 쓸데없는 우편물은 버린다. 쿠폰은 오린다. 성적표는 보관한다. 금융 관련 서류는 파일에 넣어서 정리한다. 각각 몇 초, 길어야 몇 분밖에 안 걸리는 일이다. 탁자나 식탁에 던져놓으면 쓰레기만 점점 쌓일 뿐이다. 곧바로 처리하자.

당장 처리할 수 없는 건 한 군데를 정해서 모아두었다가(종이 파일을 추천한다) 나중에 한꺼번에 분류해서 처리한다.

전자기기는
어떻게 처리할까

과학기술은 빠르게 변화한다. 자고 일어나면 신제품이 요란한 팡파르와 함께 출시된다. 세상과 상호작용하는 방식을 바꾸어놓겠다는 약속이 어찌나 그럴 듯하게 들리는지 우리는 새로운 기기가 등장할 때마다 사고 또 산다. 자연히 예전에 샀던 기기는 방치된다. 전자기기가 쓰레기처럼 쌓이는 것은 불가피한 현상일까?

이 분야의 전문가들은 기술적인 노후와 기능적인 노후를 구분한다. 기존의 것보다 기능면에서 우월한 기기가 출시되면 기술적인 노후다. 예를 들어 내가 스마트폰을 샀는데 6개월 뒤에 같은 제조업체에서 신제품을 출시하면 그것이 기술적인 노후다. 반면에 기능적인 노후는 기기가 제대로 작동하지 않을 때 발생한다. 예컨대 소프트웨어가 고장 났는데 생산이 중단돼 고칠 수 없다면 그것은 기능적인 노후다.

우리는 대부분 기술적인 노후 현상이 벌어지면 당장 새 기기를 사고 싶어 한다. 지난달에 신제품을 장만했는데 한 달 뒤에 더 끝내준다는 제품이 출시되면 그걸 또 사고 싶어 한다.

나는 기능적인 노후 현상이 벌어질 때까지 기다려야 한다고 생각한다. 반드시 최신제품을 장만해야만 할까? 내가 쓰는 제품이 신상인지 아닌지 누가 신경이나 쓸까?

과학기술의 발전이나 활용에 반대하는 건 아니다. 나는 사실상 과학기술 덕분에 작은 삶의 가능성이 더욱 높아졌다고 생각한다. 전화기 안에 영화, 책, 음악, 지도, 달력, 포인트 카드, 전화번호부 등을 모두 넣어가지고 다닐 수 있으니 말이다. 과학기술이야말로 작은 삶의 확산을 돕는 원동력이다. 소유를 줄이는 것이 요즘처럼 쉬운 시대가 없었다.

하지만 신기술이 자동적으로 모든 걸 개선하고 편의만 제공한다고 생각하는 사람들이 늘어나는 건 걱정이 되는 부분이다.

사실 과학기술도 신경 써서 소비하지 않으면 우리 삶에 쓰레기를 추가하기 십상이다. 자칫 잘못했다가는 우리의 에너지와 시간과 공간과 통장이 순식간에 고갈된다. 컴퓨터에게 간단해 보이는 일 하나를 시키느라 오후 반나절 동안 끙끙대야 했던 기억이 누구에게나 있을 것이다.

새로운 기기를 살 건지 기존에 쓰던 것을 고수할 건지 결정할 때 판단의 근거는 간단하다. "그걸로 어떤 문제점을 해결할 수 있을까?"

과학기술은 집 안팎의 문제를 빠르고 좀 더 효과적으로 해결해 삶의 편의를 도모해야 한다. 그런데 문제 해결에 아무 도움이 되지 않는다면 문제를 하나 더 추가하는 것일 뿐이다.

더 이상 쓰지 않고 방치해놓은 오래 된 기기는 알맞게 처분하면 그만이다. 대부분의 지역에 전자기기를 기증하고 재활용하는 센터가 있다.

하지만 앞으로는 어떻게 해야 할까?

삶을 확연하게 개선하지 않는 한 업그레이드가 되었다는 이유로 전화기를 바꾸는 것은 어리석은 짓이다. 카메라, 홈 엔터테인먼트

기기, 컴퓨터도 모두 마찬가지다. 지금 쓰고 있는 텔레비전도 멀쩡한데 꼭 그보다 화면이 큰 제품을 살 필요가 있을까? 나는 전자기기의 업그레이드를 최대한 늦추었다가 후회하는 사람을 거의 본 적이 없다. 그 회사에서 꼭 필요한 제품이라고 강조했다 한들 줄을 서가며 신제품을 사야 할까?

그걸 사지 않았을 때 대신 누릴 수 있는 기회에 대해서 생각해보자. 최첨단 장비를 생략하면 그 돈으로 뭘 할 수 있을까? 대출금을 갚고, 주말에 여행을 떠나고, 전화기보다 훨씬 오래 쓰고 있는 매트리스를 바꿀 수 있지 않을까?

신기술이 당신의 삶을 개선하고 있는지 아니면 정말 중요한 것들로부터 멀어지게 하고 있는지 생각해보자.

오직 최고만
남겨라

○

우리 부부에게 집안의 군더더기를 줄이는 가장 마지막 단계는 지하실 청소였다. 온갖 물건들이 거기 보관돼 있을 뿐 아니라 가장 격한 감정을 불러일으키는 공간이기 때문이었다. 지하실 상자에 보관한 물품들이야말로 우리의 지난 과거였다. 고등학교 앨범, 대학교 때 쓰던 교재, 사용하지 않은 결혼 선물. 사진과 해외여행 기념품이 가득 담긴 신발상자. 어린 시절의 수많은 추억이 얽힌 작품들도 있었다. 뭐 하나라도 쉽게 처분할 수가 없었다.

다 끝내려면 몇 개월이 걸릴 테고 마음을 단단히 먹어야 할 것이었다. 하지만 집안의 다른 모든 부분을 정리하면서 줄일수록 풍성해진다는 믿음이 더욱 굳건해졌다. 그래서 지난 20년 동안 모아놓은 애착이 가는 물품들 중에서 뭘 처분할지 결정하기라는, 그야말로 어마어마한 과제를 수행할 마음의 준비가 되어 있었다.

우리는 '오직 최고만'이라는 작전을 썼다. 추억이 얽힌 물건을 정리할 생각에 괴로워하는 사람이 있다면 적극 추천하고 싶은 방법이다. 우리는 모든 걸 치워버리지도, 그렇다고 모든 걸 그냥 두지도 않았다. 지난 순간과 사랑하는 사람들을 떠올리게 하는 물건들 중에서 오직 최고만, 그러니까 가장 상태가 좋고 의미 있는 물건만 남겼다. 그런 다음 상자에 담아서 눈에 보이는 곳으로 옮겼다. 그렇게 하면 소중한 추억을 자주 떠올릴 수 있었다.

내 아내 킴의 경우를 소개하자면 할머니 아이린이[Irene] 돌아가셨을 때 그 아파트에서 들고 온 유품을 담은 상자를 앞에 두고 심정적으로 가장 힘들어했다. 할머니는 그녀에게 여러 모로 영웅이었던 것이다. 그녀는 할머니의 삶을 향한 열정과 가족을 향한 사랑을 존경했다. 그랬기 때문에 상자에 담긴 유품을 애지중지했다. 그래도 우리는

'오직 최고만'의 원칙을 여기에도 적용했다.

킴은 그 상자에서 할머니의 인생을 가장 충실하게 상징하는 물건 세 가지를 골랐다. 디저트용 접시는 그녀의 할머니가 그랬듯이 요즘 우리 집에 손님이 오면 거실로 간식을 내갈 때 쓰이고 있다. 나비 브로치는 그 집에 놀러 가면 할머니가 그랬듯이 그녀가 재킷에 달고 다닌다. 성경책은 할머니가 그랬듯이 우리 침대 머리맡 탁자에 두었다.

우리는 아이린 할머니의 유품을 솎아낸 덕분에 그녀의 추억을 더욱 소중하게 간직할 수 있었다. 본받고 싶었던 그녀의 가치관을 찬양할 수 있었다. 가장 중요한 것과 덜 중요한 것을 구분함으로써 그녀의 유산을 그 어느 때보다 생생하게 유지할 수 있었다. 이게 다 '오직 최고만'의 원칙 덕분이었다.

그래도 유품을 정리하기가 어렵게 느껴진다면 다음과 같은 요령을 참고하도록 하자.

요령 1: 일단은 반만 정리한다

감정적으로 애착이 있는 물품의 숫자를 확 줄이기가 어렵다면 반으로 줄여본다. 예를 들어 고등학교 시절의 추억이 담긴 상자가 2개라면 1개로 줄이는 식으로 말이다.

절반이라도 줄이는 것이 전혀 손을 대지 않는 것보다 낫다. 이렇게 강제적으로 선을 그으면 어느 물건이 가장 소중한지 파악하는 데 도움이 된다. 그렇기 때문에 오직 최고만 남을 때까지 계속 숫자를 줄이기가 좀 더 수월해진다.

요령 2: 처분하기 전에 사진을 찍는다

나중에 아쉬워질까봐 포기하지 못하는 물품이 있다면 처분하기 전에 사진을 찍는다. 이제 기록이 남았으니 완전히 없어진 게 아니지 않은가.

추억은 어떤 물건이 아니라 당신의 머릿속에 저장되는 것이다. 물건은 추억을 되살리는 데 도움을 줄 뿐이다. 그러니까 사진도 똑같은 역할을 할 수 있다.

사진은 사진일 뿐, 내가 집착하는 그 물건은 아니지 않으냐고 반발하는 사람도 있을 수 있겠다. 그리고 내가 전자책을 두고 얘기했던 것처럼 디지털 형태라 하더라도 쓰레기는 쓰레기다. 그래도 잘 정리하면 디지털 쓰레기의 부담이 훨씬 덜하다. 옮기고 관리하고 위치를 파악하고 접근하기가 훨씬 쉽다.

그러므로 증조할머니가 고향을 떠날 때 들고 온 망가진 여행가방이 됐건, 남편에게 처음으로 선물 받은 싸구려 목걸이가 됐건, 아이가 처음으로 사람을 사람답게 그린 그림이 됐건 사진으로 간직하자. 사진도 그 물건 자체만큼이나 추억을 자극하는 데 효과 만점일지 모른다.

요령 3: 새 생명을 불어넣는다

다른 사람에게 쓸모가 있는 물품이라면 새 생명을 불어넣는 방식으로 추억을 기념하는 건 어떨까? 누군가에게 새로운 추억을 선물할 게 분명하다면 기증을 하는 것이다.

가장 완벽한 예가 육아용품이다.

아이들이 입던 옷, 쓰던 장난감, 이런저런 용품들을 처분하기란 쉽지 않다. 다시 돌아갈 수 없는 갓난아이 시절의 추억이 여기에 깃들어 있으니 그럴 수밖에 없다.

하지만 세례복 정도면 모를까 딸랑이, 턱받이, 신발까지 모조리 간직할 필요는 없다. 이제는 아이들과 새로운 추억을 만들고 있지 않은가.

게다가 이제 막 출산한 엄마들에게 아기 옷과 다양한 육아용품이 얼마나 도움이 되겠는가. 지금 어딘가에서 보석 같은 아이가 우리 아이들이 입었던 옷을 입고 엄마 품에 안겨 있을지 모른다는 상상을 하면 미소가 절로 지어질 것이다.

나에게 귀한 물건을 나 못지않게 귀하게 여길 사람에게 물려주면 그 사람도 좋고 나도 좋고 그 물건은 새 생명을 얻는다.

우리가 감정적으로 애착이 있는 물품을 처분하지 못하는 이유는 그것과 결부된 삶의 기쁨과 의미를 기억하고 싶기 때문이다. 주변의 사람들을, 함께 경험한 순간을, 성장과 성취의 뿌듯함을 기억하고 싶기 때문이다. 그런데 쌓아놓은 이 물건들을 관리하느라 불필요한 스트레스와 금전적인 압박에 시달리면 그 추억을 현실에서 재현할 수 없게 된다. 감정적으로 애착이 있는 물품이라도 오직 최고만 남겨두자. 과거에 연연하면 새로운 경험과 관계를 쌓을 수가 없다.

이제 나는 다들 생각조차 하지 않았을지 모르지만 군더더기를 줄여야 하는 두 항목, 그러니까 차와 집에 대해서 이야기하려고 한다. 차와 집은 액수도 클 뿐 아니라 무의미한 꿈을 버리고 더 나은 현실 속에서 살아가는 쪽을 선택할 때 미치는 여파가 큰 항목이기도 하다.

쓸데없는 자부심

우리 사회에는 차에 집착하는 사람들이 많다. 차가 없으면 불편한 지역이 워낙 많으니 차에 관심이 많은 것도 이해는 된다. 하지만 필요 이상으로 애지중지하는 게 문제다. 차가 단순한 이동수단의 범주를 훌쩍 넘어선 것이다.

차를 광고할 때는 사회적 지위와 명성, 크기와 편안함을 강조하는 경우가 많다. 우리는 타고 다니는 차로 성공을 증명하려고 한다.

차의 선택 기준에는 여러 가지가 있을 수 있다. 향수, 스피드를 향한 갈망, 최신식 자동차 기술의 매력, 내면의 상처를 치료하려는 시도 등등. 하지만 대개는 '자부심'이 가장 큰 관건이다.

차량의 이용과 유지비에 따른 통계만 봐도 알 수 있다. 미국 자동차 협회에 따르면 2014년 기준으로 차량 유지비가 연평균 8,698달러였다. SUV의 경우에는 10,624달러로 훌쩍 뛰었다. 차량 유지, 관리비가 가계에서 두 번째로 지출이 큰 항목으로(가장 큰 항목은 주택 보유비다) 연수입의 15퍼센트에 해당한다. 신차 할부금은 평균 27,000달러가 넘고 중고차 할부금도 거의 18,000달러에 달한다. 그런데도 다들 좋은 차를 사지 못해서 안달이다.

몇 년 전에 나는 피닉스의 한 행사장에서 작은 삶을 주제로 강연을 한 적이 있었다. 강연이 끝났을 때 젊은 남자가 다가와 자신의 고민을 토로했다.

"선생님이 하신 말씀에 모두 동의합니다. 사실 저는 이미 제법 작은 삶을 살고 있어요. 그런데 한 가지 궁금한 점이 있는데, 제가 비싼 차를 정말 좋아하거든요. 여건만 허락하면 정말로 비싼 차를 사고 싶어요. 그게 잘못된 걸까요?"

그의 이야기를 들었을 때 나는 칼럼니스트 하비 맥케이^{Harvey Mackay}가 했던 말이 생각났다. "고급 차를 탈 수 있는 사람이 평범한 차를 타면 더 강렬한 인상을 남길 수 있다."

나는 그의 말을 이런 식으로 해석했다. 60,000달러짜리 럭셔리 자동차를 타고 멋지게 도시를 누빌 수 있는 여력이 되더라도 제법 쓸 만한 30,000달러짜리 차를 타고 나머지 30,000달러는 심각한 사회 문제를 해결하는 데 쓰는 게 더 낫다고. 그러면 결국에는 30,000달러짜리 차를 탔을 때보다 오랫동안 더 큰 기쁨과 성취감을 누릴 수 있다고.

나는 그 남자에게 비싼 차보다 훨씬 가치 있는 일에 돈과 시간을 쓸 수 있다는 점에 대해서 생각해보라고 했다. 그가 어떤 결정을 내렸는지는 모르겠다. 그가 차를 두고 하는 고민도 결국에는 작은 삶을 두고 하는 고민과 일맥상통한다고 볼 수 있겠다.

우리는 21세기에 살고 있다. 대중교통이 잘 갖춰져 있는 곳에 살고 있지 않은 한 차가 필요할 수밖에 없다. 하지만 그렇다고 해서 제조업체에서 대대적으로 홍보하는 비싼 차를 사야 하는 건 아니다. 차에 관한 한 다운그레이드가 곧 업그레이드다. 차에서 줄인 비용을 좀 더 중요한 일에 쓸 수 있다면 타고 다니는 차에서 느낄 수 있는 것과는 다른 의미의 자부심을 얻게 될 것이다.

우리에게 필요한
최소의 집

○

우리 사회에 필요 이상으로 근사하고 비싼 차를 장만하는 분위기가
조성돼 있다면 필요 이상으로 넓은 집을 장만하는 분위기도 마찬가
지다.

사람들이 더 넓은 집을 사려는 이유는 여러 가지가 있을 수 있다.
지금까지 살던 집이 좁아져서, 수입이 늘어나서, 부동산에서 이 정도
는 충분히 감당할 여력이 되지 않으냐고 하니까, 남들에게 자랑하고
싶어서, 아니면 넓은 집이 '드림 홈'이 될 거라고 생각하니까 등등.

사람들이 집을 점점 넓히는 또 다른 이유가 있다면 말리는 사람
이 없기 때문이다. 우리 사회에서는 이런 주문을 읊조린다. 최대한
큰 걸로 최대한 많이 사. 돈을 벌면 원래 그래야 하는 거야.

우리 주변에는 큰 게 아니라 작은 걸 지향해도 된다고 얘기하는
사람이 없다. 작은 집에서 더 행복해질 수 있는 이유를 얘기하는 사
람도 없다. 하지만 그럴 때 더 행복해질 수 있는 이유가 한두 가지가
아니다.

- **작은 집이 관리하기가 더 쉽다** 집주인이라면 집을 관리하는 데 얼마나
  많은 시간과 에너지와 노력이 드는지 알 것이다. 모든 조건이 동일하다면

집이 작을수록 손이 가는 부분도 줄어든다.

- **작은 집이 더 저렴하다** 작은 집이 집값뿐 아니라 세금, 냉난방, 전기, 기타 등등과 같은 유지비도 저렴하다. 덕분에 다른 데 활용할 수 있는 돈이 많아지고 스트레스와 환경에 미치는 영향과 잡동사니를 쌓고 싶은 유혹은 줄어든다.

- **거주공간이 작아지면 가족관계가 더 끈끈해진다** 집이 작아지면 가족들끼리 상호작용을 나눌 기회가 많아진다. 단란한 분위기, 이 얼마나 좋은가.

- **작은 집이 팔기도 더 쉽다** 잠재 구매자 입장에서는 작은 집이 훨씬 부담이 적게 느껴진다. 이사를 해야 할 때 얼른 팔 수 있으면 집을 보유하는 데 따르는 가장 큰 스트레스 요인이 사라지는 셈이다.

우리 가족은 버몬트에서 애리조나로 이사했을 때 살던 집을 팔고 새 집을 사야 했다. 두 지역의 주택시장 상황이 전혀 달랐기 때문에 마음만 먹으면 매달 부담하는 대출금을 줄이면서도 얼마든지 집을 넓힐 수 있었다. 하지만 우리는 집을 넓힐 생각이 전혀 없었다. 오히려 어서 빨리 작은 집으로 옮기고 싶었다.

우리가 찾던 새 집에는 원하는 조건이 있었다. 작기만 하면 되는 게 아니라 어린애들이 있는 우리 가족에게 알맞고 우리 가치관에도 부합해야 했다. 방 3개에 식당 하나, 넓은 가족실과 쾌적한 야외공간이 있어야 하고, 주변 환경과 학군이 좋아야 하며, 튼튼한 집이라야 한다는 게 우리가 절대 양보할 수 없는 조건이었다.

조건에 딱 들어맞는 집을 발견했을 때 얼마나 기뻤는지 모른다. 우리는 4층에서 1층짜리로 집의 크기를 30퍼센트 줄였다. 대출금은 거의 50퍼센트 줄었다. 우리는 양보다 질을 선택했고(항상 현명한 판단이다) 매달 납입해야 하는 대출 상환금 걱정을 덜었다. 이 집에서는 날마다 모든 공간이 쓰였으니 구석구석 사랑하지 않을 수가 없었다.

집을 장만할 때는 여러 면을 감안해야 한다. 내가 저마다 다를 수밖에 없는 주안점을 일일이 짚어줄 수는 없지만 일반적인 충고는 할 수 있다. 부동산에서 뭐라고 하건 당신의 요구조건에 맞는 쉼터를 선택하라고. 부담이 아니라 자유를 선물할 선택을 하라고.

작은 집을 선택하라고 강요할 생각은 없다. 다만 작은 집을 선택하면 행복해질 거라고 얘기하고 싶을 따름이다. 우리가 그랬으니까.

중간에
포기하지 말 것

○

책, 종이, 전자기기, 추억이 담긴 물건, 자동차, 집은 줄이기가 가장 어려운 항목이다. 이걸 포기하면 뭔가 소중한 걸 포기하는 게 되지 않을까? 이런 생각 때문에 미련을 버리지 못하는 항목이기도 하다.

하지만 힘들더라도 이 부분에서 군더더기를 줄이지 않으면 더 소중한 걸 포기하게 된다. 우리가 원하는 삶을 100퍼센트 누릴 수 있는 자유를 포기하게 된다. 진정한 꿈을 이룰 수 있다면 어떤 희생도 감수해야 하지 않을까.

그러니까 힘든 지점을 앞두고 있는 당신에게 마지막으로 하고 싶은 말은 이거다. 중간에 포기하지 말자는 것.

나는 작은 삶을 주제로 글을 쓰다가 몇 년 전에 하마터면 글 쓰는 일을 접을 뻔했다. 블로그에 글을 연재한지 1년이 다 되어가는 시점이었고 구독자도 꾸준히 늘었지만 신이 나지 않았다. 그래서 2009년 2월에 글 쓰는 것을 멈춰버렸다. '블로그를 읽는 사람도 없는데 그만둬야겠다!' 이런 건 아니었다. 오히려 다른 일들이 끼어들기 시작하면서 블로그는 저 뒤편으로 밀려났고 따로 시간을 내서 관리하지 못했을 따름이다.

블로그가 지금은 내 삶의 중요한 일부가 됐지만 2009년 3월 3일에 들은 라디오 광고가 없었다면 디지털의 암흑 속으로 사라졌을지 모른다. 매사추세츠에서 열리는 학회 참석차 차를 몰고 가던 길에 들은 그 라디오 광고는 한 가구점에서 형편이 어려운 고등학생들에게 기증할 졸업 파티용 드레스를 수거하고 있다는 내용이었다. 기가 막힌 아이디어였다. 형편이 안 돼서 예쁜 드레스를 입고 졸업 파티에 참석하지 못하는 고등학생들을 생각하면 지금도 가슴이 아프다.

그래서 나는 집에서 묵히고 있는 졸업 파티용 드레스가 있으면 기증해달라는 짧은 글을 블로그에 올렸다. 몇 주 만에 처음으로 게시한 글이었다.

글을 올린 지 몇 분 만에 얼굴도 모르는 크리스티라는 여성이 댓글을 남겼다. "돌아와요, 조슈아." 거의 처음부터 내 블로그를 읽으며 영감을 얻었던 독자인데 이제 그녀가 힘을 내라고 나를 격려하고 있었다.

그녀의 댓글은 짧았다. 단 두 마디였다. 하지만 그걸로 충분했다. 나는 포기하지 않기로 했다. 그 덕분에 작은 삶의 즐거움에 대해 글을 쓰고 이야기를 하는 것이 이제는 내 삶의 일부분이 되었으니 얼마나 다행스러운 일인가.

작은 삶이 가끔은 힘들 수도 있다. 집안의 잡동사니를 정리하는 것은 육체적으로나 정신적으로나 피곤한 일이다. 해야 할 다른 일거리들이 수도 없이 떠오를 테고 작은 삶은 얼마든지 뒷전으로 밀려날 수 있다.

하지만 인생의 위대한 교훈은 모두 시간과 노력이 필요하다. 그걸 단박에 깨닫는 사람은 거의 없다.

그만두고 싶을 때는 인내심이라는 삶의 기본적인 자세를 발휘하도록 하자. 아무리 어려운 상황이라도 좌절을 극복하지 못하면 잠재력을 최대한 발휘할 수 없는 법이다.

8장 — 삶의 군더더기와의 이별

"돈은 일을 선택할 자유를 주기 때문에 매우 중요합니다.
하지만 언젠가 다른 사람들, 환경, 아이들에게
정말 도움이 될 만한 일을 할 수 있도록 해줘 더 중요합니다."

____레오나르도 디카프리오(미국 영화배우)

여러분은 차를 살지 말지 최종 결정하기 전에 시운전을 해본 적이 있는가?

괜찮은지 잘 모르겠지만 성능이 마음에 들지 않으면 100퍼센트 환불해준다고 했기 때문에 생활용품을 사서 들고 온 적이 있는가?

증상이 개선되는지 알아보자며 병원에서 시험적으로 약을 처방 받은 적이 있는가?

아마 대부분 비슷한 경험이 있을 것이다. 완전히 마음을 정하기 전에 조건부로 실험해본 경험 말이다.

나만의 '작은 삶'을 확립할 때도 실험은 유용한 도구다. 방법은 간단하다. 처분하고 싶은 물건이 있으면 당분간 치우고 살아보면서 내게 필요한 물건인지 필요 없는 물건인지 알아보면 된다. 당신이 사는 데 얼마나 많은 물건이 필요하다고 생각하는지도 이 실험을 통해 알아볼 수 있다.

나는 작은 삶을 맨 처음 시작하는 사람들에게 일정 기간 동안 이런저런 것들 없이 살아보라고 얘기한다. 이런 실험은 결단을 내리거나 힘든 시기가 닥쳤을 때 도움이 되기도 하지만, 그 수준을 넘어 작은 삶을 미세 조정하는 측정기로 평생 동안 유용하게 활용할 수도 있다.

따라서 이 장에서 소개하려는 실험은 한두 번 써보고 말 일시적인 도구가 아니라 그보다 훨씬 무게를 가지고 있다. 이 실험을 통해 작은 삶으로 누릴 수 있는 혜택은 어떤 것들이 있고, 만족감의 의미는 무엇이며, 우리 삶 속에서 어떤 가능성이 숨겨져 있는지 파악할 수 있으니 말이다.

내가 아는 작은 삶을 실천하는 사람들은 거의 대부분 여러 분야에서 삶의 군더더기를 줄이는 실험을 통해 자신의 고정관념을 점검한다. 당신도 줄일수록 풍성해지는 비법을 발견하고 싶다면 어떤 실험을 통해 삶의 군더더기를 줄일 수 있을지 나름대로 고안해보기 바란다. 실험의 기본전제는 간단하고 얼마든지 변형이 가능하다.

실험: 나는 _____ (소유물) 없이 ___ 일(또는 주 또는 개월) 동안 살아볼 것을 다짐한다.

그 기간이 끝났을 때 판단할 수 있을 것이다.
(   ) 그것 없이 살 수 있겠는지
(   ) 그것 없이는 살 수 없겠는지

그 판단에 따라 그 물건을 아예 처분하거나 죄책감 없이 다시 사용할 것이다.

작은 삶을 유지하는 데 이 실험만큼 유용한 것도 없다.

군더더기를
줄이는 실험

우리 가족은 작은 삶을 실현하기 위한 수많은 실험을 거쳤다. 일정 기간 동안 케이블 텔레비전을 끊은 적도 있었다. 모든 앱을 삭제해 스마트폰을 깡통으로 만든 적도 있었다. 정말 몇 벌 안 되는 옷을 돌려 입으면 어떨지 실험하고, 한 달 동안 외식을 끊기도 했다. 설거지를 할 때 식기세척기를 쓰지 않은 적도 있었다. 가구, 주방용품, 미술품, 아이들 장난감을 치워서 새로운 한계에 도전했었다.

이렇게 실험을 거듭하는 동안 우리의 시간과 에너지를 잡아먹는 잡동사니가 없어도 우리 집과 우리 가족은 아무 문제없다는 것을, 오히려 더 잘살 수 있다는 것을 깨달을 수 있었다.

하지만 실험이 항상 좋게만 끝난 건 아니었다. 실험 대상이었던 물건을 정리하지 못한 적도 있었다.

차를 한 대는 처분하고 한 대만 쓰면 어떨지 실험을 벌였을 때였다. 아내와 나는 차를 한 대만 쓰면 관리, 보험, 주유, 세차 면에서 훨씬 더 간편하고 비용이 절약되지 않을까 하는 생각이 들었다. 그래서 버몬트에서 애리조나로 이사하기 직전에 미니밴은 친구에게 팔고 중형차 한 대만 남겼다. 그러고는 어떻게든 버텨보려고 했다. 우리는 한 대의 차로 4개월을 지냈다. 하지만 2주째부터 이 실험은 실패할 거라는 걸 느낄 수 있었다.

각자 직업이 있는 부부가 학교에 다니고 스케줄이 많은 두 아이와 함께 대중교통의 개념 자체가 없는 도시에서 살려면 차가 두 대는 필요했다. 실험하는 동안에 차 한 대로 살려고 애를 쓰는 데 따르는 복잡한 문제들 때문에 우리가 의도한 삶을 살기가 더 힘들어졌다. 그래서 결국 우리는 차를 한 대 더 샀다.

하지만 이 경우를 제외하고는 성공을 거둔 경우가 대부분이었다. 여러분도 이 실험을 실행해보면 우리에게 필요한 물건이 얼마나 적은지 깨닫고 놀랄지 모른다. 게다가 자기 자신에 대해 더 많은 걸 파악하고, 훨씬 간단하고 가벼우며 상상 이상의 무궁무진한 기회가 기다리는 삶을 향해 나아가는 계기가 될 것이다.

그뿐 아니라 이 실험을 여러 번 반복하다 보면 어떤 물품 없이 살 수 있을지 없을지 거의 정확하게 예측이 가능하기 때문에 더 이상 고민할 필요가 없어질 것이다. 그리고 나에게 충분하다는 것이 어느 정도인지 파악할 수 있게 된다.

충분하다는 건
어느 정도일까

충분함의 기준을 정립하는 동안 내게 어느 누구보다 많은 영향을 미친 사람이 패트릭 론$^{Patrick\ Rhone}$이었다. 패트릭은 아내와 딸과 함께 미네소타 주 세인트폴에 산다. 그는 맥 컴퓨터와 가는 펜, 미술, 시, 아름다운 단어를 사랑하는 작가다. 저서《이너프^{Enough}》에서 그는 실험적인 태도로 충분함을 찾아 나선다.

> 충분함은 이런저런 시도를 하는 데서 온다. 선입견에 딴죽을 거는 데서 온다. 가진 것은 줄이고 시도는 늘이며 딱 알맞은 게 어느 정도인지 알아내는 데서 온다. 적은 것에서 느껴지는 두려움을 떨쳐버리는 데서 온다. 많은 것에서 느껴지는 거짓된 안도감을 털어버리는 데서 온다. 더 많은 걸 가졌다가 모두 잃어버리고 정말로 필요한 게 뭔지 깨닫는 데서 오기도 한다. 충분함은 오랜 노력의 종착점이다.
>
> 거기에 다다르려면 가정과 추측과 선입견과 짐작과 절반의 진실을 버려야 한다. 두려움과 식탐과 자기 의심과 과대망상을 극복해야 한다. 어려운 질문을 해야 그보다 더 어려운 해답을 찾을 수 있는 법이다.

하지만 그것도 달라질 수 있다는 것을 명심해야 한다. 외줄을 타려면 끊임없이 달라지는 환경에 따라 조금씩 균형을 맞추듯 우리도 그래야 한다.

따라서 우리의 목표는 영원불변의 충분함을 찾는 것이 아니다. 지금 당장 나에게 충분하다는 건 어느 정도인지 파악하고, 달라지는 상황에 적응하는 유연성을 기르는 데 필요한 도구와 전략을 찾는 것이다.

충분함의 기준은 수많은 요소를 감안해 개인적으로 찾아야 한다. 찾아 나서지도 않았는데 저절로 내 앞에 나타나지는 않는다.

패트릭이 얘기한 외줄 타기의 이미지는 지금도 내 머릿속에 남아 있다. 그 외줄을 타는 사람이 당신이 될 수도 있고 내가 될 수도 있다! 우리는 대개 너무 많은 걸 소유한 쪽으로 몸이 기울어져 있다. 하지만 워낙 익숙해져 있기 때문에 그런 줄도 모른다. 물건 없이 살아보는 실험을 하면 너무 많은 걸 소유한 쪽으로 기울어진 삶이 어떤 건지 느낄 수 있다. 우리는 대부분 (물론 예외도 있겠지만) 너무 없이 살아본 경험이 거의 없을 것이다. 따라서 그런 경험을 해봐야 정중앙에서 완벽한 균형을 찾을 수 있다. 그 균형점이 바로 너무 많지도, 너무 적지도 않은 충분한 지점이다. 그 지점을 찾는 데 도움이 되는 것이 실험이다.

신발을 간단한 예로 들어보자. 신발이 몇 켤레 있으면 충분할지 아는 사람이 과연 있을까? 작은 삶에 관심이 있는 사람이라면 한 켤레라고 대답하고 싶은 유혹을 느낄지 모른다. 하지만 출퇴근용 신발을 텃밭에서도, 농구코트에서도 신으려는 게 아닌 이상 1켤레로는 부족하다. 적어도 2켤레는 있어야 한다. 정장용 구두가 필요한 사람은 3켤레는 있어야 할지 모른다. 그럼 3켤레면 충분할까? 사람에 따라 그럴 수도 있고 아닐 수도 있다. 중요한 사실은 대부분의 사람들은 이런 고민을 전혀 하지 않는다는 것이다. 고민은커녕 신발장에 신발이 8~9켤레 있어도(또는 28~29켤레 있어도) 필요하다 싶은 신발이 세일을 하면 신나게 사서 들고 온다.

감히 단언하지만 우리들은 대부분 필요 이상으로 많은 것을 소유하고 있을 것이다. 충분한 지점을 이미 오래 전에 넘어섰을 것이다. 지금까지 그 사실을 알아차리지 못했을 뿐인데, 실험을 통해 실제로 사는 데 필요한 물건이 얼마나 적은지 깨닫지 않는 이상 끝까지 알아차릴 기회가 없을 것이다.

내 주변에서 실험을 통해 충분함의 기준을 파악할 필요성을 절실히 느꼈던 사람은 앞에서도 소개한 바 있는 내 친구 커트니 카버였다.

프로젝트
333

커트니 카버는 37살에 다발성 경화증에 걸렸다는 끔찍한 진단을 받았다. 수백만 개의 질문이 그녀의 머릿속에서 소용돌이쳤다. 하지만 커트니는 그냥 당하고 있을 성격이 아니었다. 그 질병의 원인과 증상과 치료방법과 극복사례를 검색하는 것이 그녀의 새로운 관심사가 되었다.

이때 커트니가 금세 터득한 한 가지가, 스트레스를 받으면 병의 진행속도가 빨라질 수 있고 스트레스에서 벗어나면 더뎌질 수 있다는 사실이었다.

커트니는 내게 말했다. "스트레스가 다발성 경화증뿐 아니라 건강에 전반적으로 어떤 영향을 미치는지 알고 나니까 어떻게 좀 해야겠다는 생각이 들었어. 음식, 두려움, 걱정, 바쁜 일정, 나쁜 영향을 미치는 인간관계, 빛, 드라마틱한 사건, 잡동사니, 수많은 내적·외적 요소들이 전부 스트레스의 원인이잖아. 이런 것들은 내가 조치를 취할 수 있는 부분이었어."

커트니는 스트레스를 제거할 수 있는 가장 효과적인 방법이 삶의 군더더기를 줄이는 것임을 깨달았다.

"나는 열심히 일을 하면서 살았으니까 좋은 걸 누릴 자격이 있다고 생각했거든. 그래서 쇼핑을 스트레스 해소의 방편으로 삼았지. 그런데 집안을 둘러보니까 그게 오히려 스트레스를 더하고 있었던 거야. 그 많은 걸 관리하고 청소하는 건 둘째 치고 그게 다 빚이잖아. 이런저런 것들을 처분하기 시작하니까 점점 평화로워지고 스트레스가 줄더라. 뭘 더 없애면 좀 더 평온해질 수 있을지 궁금해졌고."

커트니는 남편과 쓰는 침실의 서랍장 위에 있었던 꽃병 3개에 얽힌 이야기를 들려주었다. 잘 말려서 꽃병에 꽂아놓은 거베라 데이지는 결혼식 기념품이었다. 그런데 어느 날 저녁 그 꽃병을 바라보는 순간, 이런 생각이 들었다. '이 꽃병이 나한테 무슨 도움이 되고 있을까? 먼지를 턴 기억밖에 없는데.' 그녀는 남편에게 알리지 않고 60일 동안 꽃병을 없앴다. 실험이 거의 끝났을 때까지 남편은 그게 없어진 줄도 몰랐고 그녀 역시 마찬가지였다. 이것을 계기로 그녀는 실험을 확대할 대상을 찾아 나섰다.

커트니는 특유의 패션 스타일을 유지하면서 아침에 준비하는 시간을 단축할 수 있도록 '프로젝트 333'이라는 실험에 돌입했다. 3개월 동안 33개의 의상으로 버티는 실험이었다. 신발과 액세서리는 여기에 포함됐지만 속옷, 잠옷, 작업복은 포함되지 않았다. 3개월이 끝났을 때 33개의 물품만 남은 커트니의 옷장은 더 깔끔해졌고 그녀는 그 숫자를 지금까지도 유지하고 있다.

커트니의 도전이 거의 모든 공중파 방송국에서 소개되자 전 세계에서 수만 명이 호응을 보였다. 그리고 커트니 덕분에 나를 비롯한 수많은 사람들이 아침마다 옷장을 열어보면 걸려 있는 건 많은데 입을 옷은 없는 스트레스에서 벗어날 수 있었다.

커트니의 실험이 일깨우는 또 다른 교훈이 있다면 잡동사니들을 당장 없앨 필요는 없다는 것이다. 커트니가 더 이상 필요 없다는 결론을 내릴 때까지 3개의 꽃병과 다른 옷들을 그대로 두었던 것처럼 우리도 확실하게 결정할 수 있을 때까지 지정한 물품을 보관하고 있어도 된다.

이건 문제를 회피하는 것이 아니다. 내가 '자리 바꾸기'라고 부르는 유용한 전략이다.

자리
바꾸기

○

우리 가족이 작은 삶을 살기로 결정을 내렸을 때 가장 먼저 대화를 나눈 상대가 친구 리즈Liz였다. 나는 그녀의 집 뒷마당에서 아름다운 뉴잉글랜드의 여름날 저녁을 만끽하다가 우리가 어떤 변화를 겪고 있는지 이야기를 꺼냈다. 차고를 정리하다가 이 많은 걸 이고지고 살 필요는 없다는 이웃사람의 말에 정신이 번쩍 들었다고, 정리한 물건들로 가득 채운 상자 7개를 어떻게 할지 결정하는 동안 지하실에 보관하고 있다고 했다.

그 말을 듣고 리즈가 물었다. "지금 잡동사니를 줄이는 거야, 아니면 그냥 자리 바꾸기를 하는 거야? 내가 듣기에는 물건들을 이 방에서 저 방으로 옮기기만 한 것 같은데."

나는 그 말을 듣고 곰곰이 생각해보았다. 어떻게 보면 그녀의 말이 맞았다. 정리한 물건들을 창고로 치우는 건 소유를 줄이는 거라고 볼 수 없었다. 작은 삶이라고 볼 수도 없었다. 완전히 없애버려야 진정으로 자유로워졌다고 할 수 있는데 내가 너무 설렁설렁 처분하고 있었다.

하지만 이제 와 생각해보면 잡동사니들을 지하실로 옮긴 건 중간에 거쳐야 하는 중요한 단계였다. 덕분에 시간을 두고서 처분하지 않을 물건과 처분할 물건을 좀 더 제대로 결정할 수 있었다.

몇 년 전에 나는 한 행사에 초대돼 '인생을 바꾸어놓는 작은 삶의 효과'에 대해 강연을 한 적이 있었다. 강연이 끝났을 때 20대 중반의 여성이 다가와 자기 사연을 이야기했다.

그녀는 대학교를 졸업한 후 장소에 구속받지 않는 일자리를 얻었다. 전 세계 어디에서든 할 수 있는 일이었으니 여행을 좋아하는 그녀는 이 기회에 마음껏 세상구경을 하고 싶었다. "그런데 문제가 있어요. 지금 살고 있는 아파트가 처분하기 힘든 물건들로 가득하거든요. 여행을 하고 싶은 마음이 굴뚝같은데 그걸 다 정리할 수 있을 때까지 기다리는 중이에요. 어떻게 하면 잡동사니를 줄이겠다고 마음을 먹을 수 있을까요?"

그녀의 이야기를 듣는 동안 리즈와 나누었던 대화가 생각났다. 그래서 나는 이렇게 제안했다. "당장 처분하기 힘든 물건은 자리를 바꾸세요."

내가 그녀에게 한 조언은 이거였다. "잡동사니가 꿈을 실현하는 데 방해가 되면 되겠어요? 필요하면 작은 창고라도 빌려서 그 안에다 넣어요. 그런 다음 세계 여행을 떠나요. 내가 장담하는데, 6개월 뒤에 돌아와서 그 창고 문을 열어보면 아쉬웠던 물건이 거의 없었다는 걸 깨달을 수 있을 거예요. 생각했던 것보다 쉽게 그걸 정리할 수 있을 테고요."

그녀는 나의 제안을 받아들였다. 그래서 이제는 그 무엇과도 바꿀 수 없는 여행의 추억이 생겼다.

자리 바꾸기는 이렇듯 작은 삶으로 향하는 과정에서 잠시 거쳐 가는 중간단계이다.

방법은 간단하다. 이유가 뭐가 됐든 선뜻 처분하지 못하겠는 물건이 있으면 모두 상자에 넣는다. 상자 겉면에 날짜와 어떤 게 들어 있는지 간단하게 적는다. 지하실이나 다락방 아니면 옷장 뒤편처럼 보이지 않는 곳에 상자를 넣어둔다.

그러면 몇 달쯤 지나서 까맣게 잊고 있었을 때 그 상자를 발견하게 될 것이다. 꺼내서 내용물을 들여다본다. 아마 전보다 작별하기가 훨씬 수월할 것이다. 생각했던 것보다 필요 없는 물건이었음을 깨닫게 될 것이다.

그뿐 아니라 감정적인 애착도 상당히 옅어졌을 것이다. 물건은 사람이 아니다. 곁에 없다고 해서 더 애틋해지지 않는다.

자리 바꾸기가 어떤 전략인지 파악했으면 필요할 때마다 활용해보자. 내 친구 라이언 니커디머스Ryan Nicodemus는 이 전략을 극단적으로 활용한 사례다.

짐 싸기
파티

라이언 니커디머스에게는 근사한 직함, 넉넉한 수입, 널찍한 아파트 그리고 고양이가 있었다. 그가 표현했다시피 원하던 모든 것, '가져야 할' 모든 것을 가지고 있었고 고양이와 함께 아메리칸 드림을 살고 있었다.

그런데 겉보기에는 모든 게 근사했음에도 불구하고 늘 뭔가 부족한 게 있었다. "돈을 그렇게 많이 버는데도 빚이 산더미 같았고…… 아메리칸 드림에는 돈뿐 아니라 더 많은 대가가 따랐어. 스트레스와 불안과 불만에서 헤어 나올 길이 없었고 우울하기 그지없었지. 겉으로는 성공한 것처럼 보였을지 몰라도 나는 전혀 성공한 기분을 느끼지 못했어. 그러다 급기야 내게 중요한 게 뭔지 더 이상 모르겠는 지점에 이르게 된 거야."

라이언은 모르고 있었지만 그의 25년지기 조슈아 필즈 밀번이 얼마 전에 돌아가신 어머니의 유품을 정리하다 '작은 삶'이라는 발상을 착안한 참이었다. 이혼을 한데다 어머니마저 돌아가시는 최악의 순간이 닥치자 조슈아는 그에게 가장 중요한 게 뭔지 재점검해야겠다는 생각이 들었다. 그는 지난 몇 달 동안 어머니의 유품뿐 아니라 그의 삶에서 불필요한 물건들까지 처분하고 있었다.

주중에 점심을 같이 먹는 자리에서 조슈아가 라이언에게 소유를 줄이면 어떻겠느냐고 제안을 하면서 약속을 하나 곁들였다. "잡동사니를 치우면 정말로 중요한 공간이 생길 거야."

라이언은 친구 말대로 해보기로 했다.

그것도 내가 들어본 중에서 가장 독특한 방식으로……

두 사람은 '짐 싸기 파티'를 벌였다.

라이언과 조슈아는 이후 9시간에 걸쳐 라이언의 방 3개짜리 아파트에 있었던 모든 짐을 상자에 넣었다. 부엌, 식당, 거실, 가족실, 방 3개, 벽장, 쓰레기로 넘쳐나던 서랍까지 모조리 비웠다. 심지어 가구까지 시트로 덮었다.

라이언의 도전과제는 간단했다. 필요한 물건만 꺼내서 쓰자는 것이었다.

2주가 지났을 때 라이언은 아직까지 상자에 들어 있는 물건들이 엄청나게 많은 것을 보고 충격을 받았다. 필요가 없거나 거의 쓰지 않는 물건들이 대부분이었던 것이다. 이 과정을 통해 라이언은 삶의 우선순위와 인생 그 자체를 진지하게 재평가할 수 있었다.

실험을 시작한 지 몇 주가 지나고 그는 어떤 깨달음을 얻었는지 다음과 같이 정리했다. "당신의 고정관념이 어디에서 비롯됐는지 생각해본 적이 있는가. 어느 정도 규모의 집에서 살아야 하고 2.5명의 아이를 낳아야 하며 아메리칸 드림을 이루려면 2대의 차가 필요하다는 고정관념 말이다. 나도 내 고정관념이 어디에서 비롯됐는지 모르겠지만 곰곰이 따져보기 시작했다. 이제 보니 내 아파트와 그 안의 가구, 짐을 넣은 상자들이 내가 생각했던 것만큼 중요하지 않았다. 짐을 쌀 때만 해도 대부분 필요한 물건들이라고 생각했다. 진심으로 그렇게 믿었다. 그런데 지금 이렇게 대부분의 상자들이 그 자리에 방치돼 있다. 포장된 그대로, 단 한 번도 쓰이지 않은 채."

라이언처럼 극단적으로 자리 바꾸기를 할 필요는 없다. 하지만 없어도 될 것 같은 물건들은 상자에 넣어서 따로 보관해보자. 그 상자가 일종의 작은 삶의 중간지대다.

29일
프로젝트

지금까지 살펴보았던 것처럼 수많은 방식으로 삶의 군더더기를 줄이기 위한 실험을 벌일 수 있다. 어떤 실험에서든 적용하기 좋은 요령을 하나 소개하자면 29라는 숫자를 활용하는 것이다.

아내와 나는 어떤 물건 없이 살 수 있는지 실험을 벌일 때 대개 기한을 29일로 잡았다. 29일이라고 하면 왠지 만만하게 느껴지기 때문이었다. 한 달이 채 안 되는 기간이라 10달러짜리 상품보다 9.99달러짜리 상품이 훨씬 저렴하게 느껴지는 심리하고 비슷하다고 할 수 있겠다. 그래도 29일 정도면 어떤 물건을 그냥 둘지 처분할지 결정하기에 충분한 기간이었다.

우리 친구 리즈 말마따나 잡동사니들을 상자에 담아 지하실에 영원히 방치할 수는 없었다. 쓰지 않을 물건이면 일찌감치 자선단체에 기증하는 편이 나았다. 그래서 우리가 정한 시한이 29일이었다.

29일이 마법의 숫자인가 하면 그건 아니다. 하지만 뭐 어떤가. 29일 동안 어떤 물건 없이 잘 지낼 수 있다면 영원히 그 물건 없이 잘 지낼 수 있을 가능성이 크다.

그렇다면 당신은 어떤 물건 없이 살아보는 실험을 하고 싶은가?

잡동사니를 몇 개 혹은 몇 퍼센트 줄이고 싶은가?

기한을 정해서 달력에 표시하고 지금 당장 시작해보자.

막막하게 느껴질 분들을 위해 내가 몇 가지 요령을 공개하겠다.

옷

더 이상 입지 않고 심지어 마음에 들지도 않는 옷들로 옷장이 미어 터진다고 집집마다 아우성이다. 옷장에서부터 삶의 군더더기를 줄 이는 실험을 시작해보면 어떨까? 옷을 50퍼센트 아니면 25퍼센트만 남겨놓아도 사는 데 과연 아무 문제가 없을까? 장담하지만 아무 문 제 없을 것이다. 문제가 있기는커녕 옷장에 좋아하는 옷들만 걸려 있 으면 아침에 준비하는 데 드는 시간도 훨씬 줄어든다.

커트니 카버는 딱 33가지로 3개월을 버텼다. 그녀의 실험을 따 라 해도 된다.

아니면 간단하게 '29의 법칙'을 활용해도 된다.

실험: 옷장에서 29벌의 옷을 없애고 29일 동안 살아보겠다.

장식품

일반적으로 집안의 장식품에 개인적인 의미가 담겨져 있는 경우는 드물다. 집안의 분위기와 잘 어울리거나 세일이라서 구입한 것들이 대부분이다. 이런 장식품들은 주의를 산만하게 만드는 역할만 할 따름이다.

매의 눈으로 집안을 한 바퀴 둘러보자. 삶을 풍성하게 만들기보다 집안을 어지럽히고 있는 장식품이 눈에 띄면 치워버리자. 그러면 산만하지 않고 좀 더 집중된 분위기에서 가족과의 시간을 보낼 수 있다.

실험: 29일 동안 29개의 장식품 없이(아니면 29퍼센트의 장식품 없이) 살아보겠다.

장난감

아이들 장난감이 너무 많다고 투덜거리는 부모를 대할 때마다 나는 이렇게 되묻고 싶어진다. "어쩌다 그렇게 됐겠어요? 아이가 직접 매장에 가서 사왔을 리는 없잖아요. 집에 장난감이 너무 많으면 다 부모 탓이죠." 라고 말이다.

장난감의 개수를 줄이면 좋은 점이 많다. 아이들의 창의력과 집중력이 높아지고 가지고 있는 장난감을 더 소중하게 여기는 마음이 생긴다. 아이들의 의견을 묻고 치우는 게 좋을 수도 있겠지만 몇 주가 지나면 아이들은 대개 가지고 놀지 않는 장난감들을 잊어버린다. 하지만 당신은 깨닫게 될 것이다. 더 이상 장난감 청소에 진땀빼지 않아도 된다는 사실을 말이다.

실험: 아이들의 장난감을 약 29퍼센트 처분하고 그 중에 아이들이 찾는 장난감이 있는지 29일 동안 알아보겠다.

주방용품

수납공간이 아무리 많아도 부족하게 느껴지는 곳이 부엌이다. 그런데 생각해보면 우리 할머니 세대는 이보다 좁고 불편한 부엌에서 훨씬 자주, 훨씬 정성스럽게, 훨씬 맛있는 음식을 만들었다.

요리에 관한 한 단순한 게 최고일 때가 많다. 요즘 우리는 필요 이상으로 많은 주방용품을 쟁여놓고 있다. 부엌에서 29가지의 용품을 골라서 플라스틱 통에 넣고 29일 동안 치워보자. 잡동사니 없는 새로운 부엌에서 더 즐겁게 요리를 할 수 있는지 알아보자.

실험: 29개의 주방용품 없이 29일 동안 요리를 하겠다.

가구

옮기는 게 힘들 수도 있지만 필요 없는 가구를 치우면 당장 공간이 넓어지고 환기가 잘 된다. 거의 쓸 일이 없는 가구가 잡아먹는 공간이 의외로 얼마나 많은지 모른다.

이 실험을 진행하려면 시험 기간 동안 가구를 보관할 곳이 필요하지만 집안에서 가장 큰 잡동사니를 치우는 거라 당장 변화를 실감할 수 있다.

실험: 각 방에서 가구를 최소한 1개 이상 치워서 29일 동안 다른
데 보관하겠다.

그러고 나서 29일 동안은 또 뭘 더 사볼까 고민하지 말고 또 뭘
더 줄여볼까 고민하기 바란다.

필요와 욕구를
구별하는 법

내가 자주 듣는 질문이 있다. "필요와 욕구는 어떻게 구분하나요?"

내 대답은 항상 똑같다. "당분간 그거 없이 지내보면 알게 됩니
다."

이제는 당신도 어떻게 하면 실험을 통해서 버릴 수 있는 물건과
버릴 수 없는 물건을 구분할 수 있는지 터득했을 것이다. 사실 실험
방식은 상관없다. 중요한 건 너무 심각하게 고민하지 말고, 뒤로 미
루지 말고, 지금 당장 시작하는 것이다.

없이 지내보는 실험은 물질주의적인 생활방식을 바꾸어보려고

하는 초기에 가장 유용하긴 하다. 하지만 오랫동안 작은 삶을 유지하고 있더라도 가끔 이런 실험을 통해 달라진 환경에 새롭게 적응하면 좋다. 우리 가족도 아이들이 다 커서 독립하면 차를 한 대로 줄일 수 있을지 모른다.

지금 당장 집안에 필요 없는 잡동사니들이 뭐가 있는지 살펴보자. 행복하고 보람찬 인생을 사는데 필요한 물건이 얼마나 적은지 알고 나면 진정한 자유를 느낄 수 있을 것이다.

9장 — 인생을 바꿔줄 10가지 작은 습관

"많은 돈을 가지고 있다는 것은 팝콘을 먹는 것과 같다.
팝콘으로 배를 채울 수는 있지만 만족을 느끼기는 어렵다.
만족을 얻고 싶다면 남을 배려하는 삶을 살 필요가 있다

＿＿테드 터너(CNN 창업자)

만약 당신이 내 충고대로 따라했다면 수월한 공간부터 필요 없는 잡동사니들을 처분하기 시작했을 것이다. 그런 다음 점점 더 난이도를 높여서 방 하나씩 차근차근 치웠을 것이다. 그리고 실험을 통해 필요한 물건과 필요 없는 물건을 구분하는 방법도 터득했을 것이다.

그러다 보면 결국에는 여러분에게 딱 알맞은 숫자로 소유물을 줄일 수 있을 것이다. 소유물이 이렇게 정리되면 인생의 중요한 가치는 극대화될 것이다.

하지만 어떻게 하면 이런 생활을 유지할 수 있을까? 어떻게 하면 잡동사니들이 다시 등장하지 못하도록 막을 수 있을까?

해답은 간단하다. 이런 생활을 유지하는 데 도움이 되는 '습관'을 만들면 된다.

나쁜 습관을 바꾸려고 할 때 무작정 끊는 것보다 대안을 마련하면 효과가 좋다고 한다. 예를 들어 담배를 끊으려고 할 때, 대신 껌을 씹는 식으로 말이다. 이런 대안이 없으면 니코틴 중독자의 생활로 다시 돌아갈지 모른다.

자연은 진공을 싫어한다. 그래서 다른 뭔가로 얼른 그 진공을 채운다. 인간의 천성도 마찬가지다.

잡동사니를 치움으로써 생긴 빈 공간을 다시 뭔가로 채우지 않으려면 '작은 삶'의 관행을 확립해야 한다. 다이어트를 하다가 목표 체중에 도달하면 유지 프로그램을 통해 관리를 하는 것처럼 말이다.

나는 이 장을 통해 작은 삶을 확실히 다지기에 좋은 다섯 가지 방안을 소개하려고 한다. 당신은 다음의 것들을 배우게 될 것이다.

- 집안의 분위기를 깔끔하게 유지하는 데 도움이 되는 하루 단위의 습관과 1주 단위의 습관
- 충동구매의 유혹에서 벗어나는 확실한 방법
- 쉬는 시간에 만들어낼 수 있는 가장 유익한 변화
- 크리스마스, 생일, 기타 선물 주간에 대처하는 방법
- 이미 가지고 있는 소유물을 다른 관점에서 바라보는 방법

그에 앞서 집안의 평화와 질서를 가장 쉽게, 가장 효과적으로 유지할 수 있는 일상의 습관 10가지를 소개하겠다. 우리 가족도 쓰는 방법이니만큼 효과는 장담할 수 있다.

잡동사니
격파하기

난장판인 집안에 질린 사람들 중에는 수납용품을 해결책으로 여기는 경우도 있다. 내가 2장에서 그게 착각인 이유를 밝히기는 했지만, 그래도 정리를 잘하면 문제를 해결할 수 있을 거라고 미련을 버리지 못한다. 그들은 잡동사니들을 치워서 원래 있던 자리에 가져다놓으면 사태를 해결할 수 있을 거라고 생각한다.

하지만 정리정돈만으로는 잡동사니의 압박에서 벗어날 수 없다. 살림의 개수를 줄여야, 소유를 줄여야 거기에서 벗어날 수 있다.

그런데 일단 집안의 군더더기를 줄이고 나면 정리정돈만으로도 그 상태를 유지할 수 있다. 평소에 정리하는 습관을 들여 잡동사니가 다시 등장할 가능성을 사전에 차단하는 것이다. 집안의 군더더기를 줄이고 나면 치울 것도 별로 없기 때문에 이제는 청소가 힘들거나 부담스럽지 않다. 모든 물건마다 존재이유가 있고 제자리가 있으니 말이다.

1. **매일 아침마다 이부자리를 정리한다** 난장판은 난장판을 부른다. 그 현상이 가장 쉽게 나타날 수 있는 곳이 방이다. 방의 중심이라 할 수 있는 침대가 어지럽혀져 있으면 그 주변으로 잡동사니가 쌓인다. 따라서 방청소

의 맨 첫 단계가 이부자리 정리이고, 날마다 깔끔하게 지낼 수 있는 맨 첫 단계가 매일 아침마다 이부자리를 정리하는 것이다.

2. **설거지를 쌓아놓지 않는다** 접시 몇 장은 식기세척기에 넣느니 그 자리에서 설거지를 해버리는 편이 낫다. 사실 식사를 마치자마자 얼른 씻어버리면 시간이 얼마 걸리지도 않는다. 식기세척기를 쓰더라도 접시를 곧바로 넣도록 한다. 개수통이나 싱크대에 설거지거리가 잔뜩 쌓여 있는 부엌은 어느 누구에게도 환영을 받을 수 없다.

3. **재활용품 분리수거함과 쓰레기통을 가득 채운다** 쓰레기를 버리는 날마다 창고에 넣어두었던 잡동사니 상자, 고장 난 장난감, 상한 식재료, 묵은 회사 서류 등으로 재활용품 분리수거함과 쓰레기통을 가득 채워서 버린다.

4. **옷장을 항상 넉넉하게 비워놓는다** 외투가 집안 곳곳에서 나뒹구는 데에는 그럴 만한 이유가 있다. 옷장이 너무 빽빽하면 번거로워서 그렇게 된다. 온 가족이 쉽게 외투를 걸었다 꺼냈다 할 수 있도록 옷장과 옷걸이를 넉넉하게 비워놓자.

5. **상부를 깨끗하게 유지한다** 부엌 싱크대, 욕실 선반, 침실 서랍장, 테이블, 책상…… 이런 곳에는 자연스럽게 잡동사니가 쌓이기 마련이다. 소형 가전제품은 안으로 치우자. 동전은 지갑에 챙기자. 욕실용품은 수납장에 넣자. 뭔가가 쌓이지 않도록 항상 주의를 기울이자.

6. **1~2분 걸리는 일은 곧바로 해치운다** 해야 할 일을 미뤄서 잡동사니가 쌓이는 경우가 많다. 2분 안에 끝낼 수 있는 일은 당장 해치우는 것을 원

칙으로 삼는다. 쓰레기를 버리고, 냄비를 닦고, 리모컨을 있던 자리로 치우고, 빨래를 바구니에 넣는다. 허드렛일을 하나 해치울 때마다 잡동사니의 창궐을 막는 거라고 보면 된다.

7. **잡지나 신문은 다 읽으면 바로 처리한다** 기사 중에 괜찮은 레시피가 있으면 그 부분만 오려내고 나머지는 재활용품 분리수거함에 넣자. 배우자가 좋아할 만한 기사가 있을 때도 마찬가지다. 쿠폰도 마찬가지다. 쌓아놓은 잡지나 신문은 집안의 분위기를 어수선하게 만드는 것 말고는 아무 역할도 하지 못한다.

8. **광고용 우편물은 곧바로 재활용품 분리수거함에 넣는다** 광고용 우편물이 탁자나 식탁까지 가지 못하게 곧바로 분리수거함에 넣도록 한다. 그러면 광고를 뒤적이다가 괜히 충동구매를 할 가능성도 줄어든다.

9. **옷을 벗으면 곧바로 치운다** 나도 예전에는 옷을 바닥에 던져놓는 성격이었는데 지금은 갈아입자마자 곧바로 치운다. 빨아야 할 옷은 빨래 바구니에 넣고, 깨끗한 옷은 다시 옷장에 걸거나 서랍에 넣는다.

10. **잠자리에 들기 전에 모든 물건을 제자리에 갖다놓는다** 잠자리에 들기 전에 집안을 한 바퀴 돌면서 엉뚱한 데 있는 물건이 보이면 제자리를 찾아준다. 아이들에게도 잠잘 시간이 되면 장난감을 치우도록 교육을 시킨다. 밤마다 이렇게 정리하는 습관을 들이면 아침에는 깨끗한 집에서 눈을 뜰 수 있다.

그런데 치워야 하는 물건의 숫자를 늘리지 않으려면 과소비로 향하는 지름길에도 바리케이드를 쳐야 한다. 그러니까 좋아하는 매장으로 가는 길에도 말이다.

지갑에도
휴식을

○

새라 펙Sarah Peck은 적자의 늪에서 허우적거리는 중이었다. 그녀는 아이비리그 대학교에서 건축학 석사학위를 받았지만 월세 부담이 큰 샌프란시스코에서 말단 직원으로 일을 하느라 월말이면 수중에 남는 돈이 없었다. 게다가 옷차림에 신경 쓰는 주변 분위기로 인해 이미지 관리에 들이는 비용을 생각하면 경악할 지경이었다.

"잡지 표지에 소개된 옷이 400달러짜리라고 해도 합하면 금액이 상당하겠다는 생각에 정신이 번쩍 들더군요. 한 달 동안 날마다 새 옷을 입으려면 그 비용만 해도 12,000달러가 든다는 얘기잖아요. 농담 아니냐고 생각할지 몰라도 제 주변에는 옷값으로만 20,000달러에서 30,000달러의 신용카드 빚을 진 사람들도 있어요. 여자들의 경우에는 외모 압박감이 엄청나거든요."

새라는 1년에 걸쳐 옷장을 서서히 비우고 좋아하는 옷 몇 벌만 남겼다. 옷과 더 이상 신지 않는 신발을 들고 자선단체에 다녀온 회수가 20번이 넘었다.

그뿐만이 아니었다. 그녀는 1년 동안 새 옷을 사지 않기로 마음먹었다. 이것은 우리가 앞장에서 말한 것과 같은 실험이 아니다. 그녀는 이미 1년 동안 새 옷을 사지 않아도 아무 문제없이 살 수 있을 거라고 확신한 상태였다. 그렇기 때문에 끊임없이 옷을 사들이던 과거의 습관을 완전히 끊고 좀 더 건전하고 책임감 있는 소비 습관을 들이기 위해 나름대로 극단적인 조치를 내린 거였다.

아니나 다를까, 새 옷 금지 기간을 거치면서 그녀의 인생관이 달라졌다. 작은 삶에 대한 애착이 더욱 공고해졌다.

"단순히 새 옷을 사지 않겠다고 결심했을 뿐인데 그것만으로도 무슨 권력이 생긴 듯한 기분이 들더라고요. 내 인생을 내 마음대로 살 수 있겠다는 느낌이랄까? 월말에도 돈이 조금 남더군요. 그 돈과 내 시간을 정말로 원하는 곳에 마음대로 쓸 수 있어서 좋았어요. 친구들도 만나고 운동도 하고…… 이 두 가지 모두 정말 하고 싶었던 일이었거든요."

새라 펙은 12개월 동안 쇼핑 금지령을 선언하면서 삶에서 가장 중요한 게 뭔지 바라보는 시각이 180도 달라졌다. 이런 식으로 자체 쇼핑 금지령을 내린 사람이 내 주변에도 몇 명 더 있다. 예를 들어 케이티 워크-스탠리Katy Wolk-Stanley는 속옷과 소모품을 제외하고는 아무

것도 새로 사지 않겠다고 결심한 이래 지금까지 8년이 넘도록 그 결심을 지키고 있다. 아시아 배렛Assya Barrette은 200일 동안 새 상품을 전혀 사지 않았다. 케이트 플랜더스Cait Flanders는 꼬박 1년 동안 식료품과 소모품 외에는 아무것도 사지 않았다. 심지어 그 기간에는 테이크아웃 커피조차 거부했다. 그런가 하면 제프 시나바거Jeff Shina barger 부부는 집에 있는 걸로 얼마나 버틸 수 있는지 알아보는 차원에서 7주 동안 우유를 제외한 식료품을 일절 사지 않고 지낸 적도 있었다. 이후로 그들은 식료품을 구입하는 습관이 완전히 달라졌다.

전국의 수많은 사람들과 이야기를 나누어보면 쇼핑 패턴을 바로잡기 위해 한동안 아무것도 사지 않겠다고 결심한 사람들이 어찌나 많은지 거의 유행처럼 느껴질 정도다.

당신도 쇼핑 금지령을 통해 자유를 누려보면 어떨까. 단기적으로는 충동구매의 사슬을 끊을 수 있고 장기적으로는 더 엄청난 성과를 거두는 기반을 마련할 수 있을 것이다.

그런데 과소유와 난장판의 늪으로 돌아가는 것을 사전에 방지할 수 있는 방법이 하나 더 있다. 쉽고 효과가 워낙 빨라 내가 만난 거의 모든 사람들이 추천하는 이 방법은 바로……

텔레비전 시청 시간을 줄이는 것이다.

텔레비전의
유혹

○

텔레비전은 시청자들을 자기 마음대로 조종할 수 있다는 점에서 주술사와도 같다. 텔레비전은 무차별 광고를 통해 필요도 없는 물건을 사라고 끊임없이 우리를 설득한다. 수많은 프로그램을 통해 부유하고 화려한 라이프스타일을 미화한다. 온라인 광고와 같은 다른 매체도 과소비를 유발하기는 한다. 하지만 소비지상주의를 홍보하는 중독성 면에서 텔레비전에 대적할 상대는 없다. 우리 손으로 집안에 들인 이 괴물에게서 이제는 시선을 돌려야만 한다.

다시 한 번 강조하지만 줄이는 것과 전부 없애는 것은 차원이 다른 문제다. 내가 하고 싶은 이야기는 텔레비전 시청 시간을 줄이자는 거지, 아예 끊자는 게 아니다. 교육적인 프로그램도 있을 뿐 아니라 오락 프로그램도 전혀 아무짝에도 쓸모가 없지는 않다. 우리도 텔레비전을 한 대 남겨두었고 가끔 온 가족이 함께 볼 때도 있다. 하지만 전보다 훨씬 덜 보기는 한다. 그렇다면 어떻게 해야 텔레비전을 보는 시간을 줄일 수 있을까?

"오늘부터 영원히 텔레비전을 끊겠다."는 식으로 선언하면 간단할지 모른다. 하지만 맨 처음에는 보지 않아도 괜찮겠다 싶은 프로그램을 몇 개 고르는 편이 좋다. 화면으로 남의 인생을 감상하는 것보다 내가 직접 경험하는 기분이 얼마나 더 훌륭한지 느끼고 나면 훨씬 쉽게 시청 시간을 줄일 수 있을 것이다.

오늘 당장 보지 않아도 괜찮겠다 싶은 프로그램을 골라보자. 아니면 정말 좋아하는 프로그램을 한두 개 골라서 앞으로 29일 동안 끊어보는 것도 좋겠다.

텔레비전 시청 시간을 줄이는 또 한 가지 방법이 있다면 텔레비전 숫자를 줄이는 것이다. 작은 삶을 알기 전까지만 해도 우리 집에는 텔레비전이 4대나 있었다. 하지만 앞으로는 한 대 이상 들일 일이 없을 것이다. 부엌에서 텔레비전을 치우자 내가 요리를 얼마나 좋아하는지 알게 됐다. 그리고 방에서 텔레비전을 치우자 부부 사이의 대화가 늘어났다. 책 읽는 시간 또한 늘어났다.

다른 가족들은 아직 마음의 준비가 되지 않았을 수도 있고, 이 문제에 대해 당신만큼 심각하게 생각하지 않을 수도 있다. 그렇다면 혼자 텔레비전 줄이기 운동을 벌여도 된다. 먼저 당신의 생활부터 바꾸자. 간디의 표현을 살짝 빌리자면 가족들 안에서 변화를 몸소 실천하는 사람이 되는 것이다.

어쩌면 텔레비전을 줄이는 것이 삶의 질을 높이는 가장 빠른 지름길일 수도 있다.

선물 시즌에
이성을 잃지 않으려면

○

선물은 기쁨을 전파하고 추억을 만들며 사람과 사람을 잇는 아름다운 전통이다. 나도 선물 받는 것을 어느 누구 못지않게 좋아하는 사람으로서 이 전통을 존중하기 때문에 행복한 분위기에 찬물을 끼얹고 싶지는 않다. 하지만 우리 사회가 점점 풍요로워질수록 선물 문화가 선을 넘고 있다.

1년 동안 주고받는 온갖 선물들을 생각해보라. 미국을 기준으로 크리스마스 시즌에 선물에 들이는 비용이 1인당 평균 800달러이고 생일선물도 1개로 그치는 경우가 거의 없다. 거기다 1년 내내 선물을 주고받는 날은 또 얼마나 많은가. 밸런타인데이, 부활절, 어버이날, 스승의 날, 결혼기념일, 졸업, 입학…….

선물을 정당화할 구실이 조금이라도 보인다 치면 어김없이 그걸 홍보하는 매장이 등장한다. 우리처럼 작은 삶을 사는 사람들은 그만들 좀 하라고 소리를 지르고 싶을 정도다.

원치 않는 선물로 군더더기가 줄어든 우리 집이 다시 어지럽혀지는 사태를 막으려면 어떻게 해야 할까? 선물을 주는 사람의 정성도 감안해야 하기 때문에 의외로 까다로운 문제다. 그래도 선물의 숫자나 종류와 관련해 기본 원칙을 만들 수는 있을 것이다.

- **받고 싶은 선물을 일찌감치 알린다** 늘 그런 건 아니지만 선물을 주는 사람들은 대개 받는 사람의 취향과 생활방식을 존중하게 되어 있다. 따라서 명절이나 생일 때 미리 받고 싶은 선물 목록을 만들어서 일찌감치 가족들에게 알리면 잡동사니가 쌓이는 사태를 막을 수 있다. 가격대와 종류별로 다양한 목록을 만들되 다음과 같은 원칙을 따른다. 양보다는 질을, 욕망보다는 필요를, 상품보다는 추억을.

- **자선단체에 기부해달라고 한다** 선물로 사랑하는 마음을 표현하는 건 좋지만 그걸 꼭 뭘 사서 손에 들려 보내는 방식으로 표현할 필요는 없다. 물질적인 선물 대신 자선단체에 기부해달라고 하는 것이 요즘 트렌드다. 필요도 없는 스웨터에 쓰일 돈이 다른 나라 어린이에게 장학금으로 주어진다면, 그 장학금으로 그 아이의 인생이 달라진다면 얼마나 기분 좋은 일일까.

- **인내심을 발휘한다** 당신이 작은 삶을 추구하기 시작했다고 온 가족들이 당장 이해해 줄 수 있는 건 아니다. 특히 당신이 지금까지 여러 변화를 거친 이력의 소유자일수록 그럴 수밖에 없다. 하지만 금방 지나갈 변덕이 아니라는 걸 알고 나면 가족들이 선물을 하는 패턴도 결국 달라질 것이다.

- **숙청할 때는 단칼에** 어떤 선물은 삶에 보탬이 되고 어떤 선물은 난장판에 보탬이 될 뿐인지 분류하는 데에는 시간이 걸릴지 모른다. 아이들 같은 경우에는 일시적으로 푹 빠진 장난감과 오랫동안 잘 가지고 놀 장난감을 구분하려면 몇 달이 걸릴 때도 많다. 서두를 필요는 없다. 하지만 진가가 드러나기 시작하면 불필요한 선물은 가차 없이 처분하도록 한다.

- **타인의 취향도 존중한다** 우리가 원하는 선물을 받고 싶어 하듯이 남들도 마찬가지다. 우리가 상품보다 추억을 원한다고 해서 형제나 부모도 그래야 하는 건 아니다. 그들이 새 신발을 받고 싶어 한다면 새 신발을 사주어도 된다. 생일선물로 백화점 상품권을 받고 싶어 한다면 백화점 상품권을 사주어도 된다. 선물은 사랑과 감사를 표현할 수 있는 기회다. 소비절제주의는 다른 때 외쳐도 된다.

기쁨도
훈련을 통해서

군더더기 없는 삶을 계속 유지하고 싶다면 사회에 동화돼서 생긴 물욕을 감사하는 마음으로 대체해야 한다.

뭔가 많아야만 감사하는 마음이 생기는 건 아니다. 나는 전 세계 곳곳의 개발도상국을 다니며 그곳의 생활상을 목격했다. 미국인의 기준으로는 상상할 수 없을 정도로 가난하게 사는 사람들도 많았지만 그들은 어느 누구보다 가난한 환경에서도 감사하고 만족하며 생활하고 있었다.

산살바도르에서는 루실라^{Lucilla}가 15살과 3살인 두 딸과 함께 지내는 방 한 개짜리 집으로 초대받은 적이 있었다. 그들에게 수입이라고는 뒷마당에 풀어놓은 닭 6마리가 낳는 알을 팔아서 버는 돈밖에 없었다. 그럼에도 그들이 베푼 선의와 호의는 내가 그때까지 느껴본 적 없을 만큼 우아했다.

감사하는 마음은 누구나 가질 수 있다. 처한 환경에 관계없이 날마다 그러기로 마음만 먹으면 된다.

현실적으로는 감사하는 마음이 다른 때보다 절로 우러나는 시기가 있긴 하다. 집안이 따뜻할 때, 맛있는 음식을 먹을 때, 아이가 훌륭한 성적표를 들고 왔을 때, 모든 게 바라던 대로 이루어질 때. 인생의 폭풍이 들이닥치면 감사하는 마음이 금세 느껴지지 않는다. 하지만 그런 때야말로 감사하는 마음이 가장 필요한 순간이다. 그런 마음에서 뿜어져 나오는 기운과 긍정적인 시각으로 역경을 극복할 수 있으니 말이다.

그렇기 때문에 감사하는 마음은 자발적인 반응일 때보다 의도적인 습관일 때 더 값지다. 관심을 가지고 훈련을 반복하면 감사하는 자세를 기를 수 있으니 얼마나 다행인가. 쉽게 우러날 때도 연습이 필요하고 쉽게 우러나지 않을 때는 더 많은 연습이 필요하다. 훈련을 하면 할수록 필요할 때 더욱 쉽게 감사하다는 생각을 할 수 있다.

감사하는 마음은 우리의 전반적인 행복에도 좋은 영향을 미친다. 연구결과로도 숱하게 증명됐다시피 감사할 줄 아는 사람들이 더 행복하다. 감사하는 마음을 느끼면 긍정적인 감정이 생기고 건강이 좋아지며, 값진 경험을 향유하고 역경을 극복하고 든든한 인간관계를 쌓을 수 있기 때문이다. 그뿐 아니라 감사하는 마음이 많은 사람일수록 물질주의적인 성향이 낮을 가능성이 크다.

감사하는 마음은 단순한 감정이 아니라 훈련의 결과다. 감사하는 습관을 들일 수 있도록 열심히 노력해야 한다. 감사하는 마음을 불러일으키는 데 도움이 되는 습관을 소개하자면 다음과 같다.

- 소박한 기쁨을 찾아서 거기에 감사한다.
- 예전의 좋았던 일들을 떠올린다(특히 인생의 폭풍이 들이닥친 시기일수록).
- 감사한 일들을 날마다 일기장에 적는다.
- 살짝 짜증나는 상황일 때(신호등에 걸렸을 때, 줄을 서서 기다릴 때 등) 감사한 마음을 표현한다.

감사하는 마음을 가지면 이 세상에서 나의 위치가 어디인지 더욱 잘 이해할 수 있다. 나에게 찾아온 행운에 집중할 수 있다. 거의 모든 면에서 행복감이 높아진다. 한 마디로 말해서 삶에 만족할 수 있는 가장 확실한 방법이다.

욕구를
줄이는 것

○

소유를 줄이면 좋다. 그런데 당신도 이미 느꼈을지 모르겠지만 욕구를 줄이면 그보다 더 좋다.

좀 더 많은 것을 가지고 싶은 욕구에서 해방됐을 때 느껴지는 그 짜릿한 기분이란! TV나 잡지의 광고를 보다 보면 사지 않으면 손해 볼 것 같은 제품이 너무 많다. 그때 너무 쉽게 지갑을 열어 그들의 기대를 충족시키는 사람들이 많다. 하지만 제품을 사서 모은 결과가 광고와 다르다는 사실을 금세 알아차리곤 한다. 우리는 물건을 모으지 않아도 더 잘 살 수 있다. 어느 누구도 우리를 예전의 모습으로 돌아가도록 유혹하지 못한다. 우리는 작은 삶을 지킬 것이다.

우리에게는 작은 삶에 걸맞은 새로운 가치관과 습관도 생겼다.

- 날마다 상쾌하게 집안을 정리한다.
- 자체적으로 쇼핑 금지령을 내린다.
- 텔레비전을 보는 시간을 줄인다.
- 지각 있는 선물을 한다.
- 훈련을 통해 감사하는 마음을 생활화한다.

이 다섯 가지 새로운 습관을 몸에 익히면 나쁜 습관을 몰아낼 수 있다. 다들 시도해보았으면 좋겠다. 작은 삶이 일종의 실험이 아니라 라이프스타일로 자리를 잡는 데 도움이 될 만한 습관이 있으면 이게 아니라도 뭐든 좋다.

그런데 함께 사는 가족이 있는 경우, 작은 삶을 일상에 영원히 뿌리 내리려면 거쳐야 하는 또 하나의 관문이 있다. 줄일수록 풍성해지는 삶에 가족들까지 동참시킬 방법을 찾아야 한다는 것이다.

10장 — 작은 삶의 동반자, 가족

"나는 재산을 단지 내 아이를 위해서가 아니라

내 아이들이 살아갈 세상을

더 평화롭고, 더 아름다워지도록 만드는 데 쓰고 싶다."

___마크 저커버그(페이스북 창업자))

나는 작은 삶을 주제로 강연을 할 때 이제 막 '작은 삶'이라는 개념을 파악하기 시작했거나 실천의 첫 단계로 진입하려는 사람들에게 질문 받는 것을 좋아한다. 질문을 하도 많이 받아 예상 질문지를 뽑을 수 있을 정도인데, 그 중에서도 가족과 관련된 질문을 할 때 가장 진정성이 느껴진다. 예를 들자면 대개 이런 식이다.

"나는 솔깃하지만 아내는(또는 남편은) 살림을 대거 처분하자고 하면 결사반대할 거예요. 나 혼자 작은 삶을 실천하려고 하는 건 의미가 없을 텐데 어떻게 하면 배우자를 설득할 수 있을까요?"

"애들이 아직 어려서 작은 삶이라는 단어조차 이해하지 못할 거예요. 그냥 새 장난감만 많으면 좋아할 뿐이죠. 장난감을 치우겠다고 하면 아이들이 지를 비명소리가 벌써부터 들리는 듯한데 어떻게 하면 좋죠?"

"딸이 조금 있으면 17살이 돼요. 패션에 푹 빠져 있고 다른 친구들한테 있는 건 모두 가지고 있어요. 다른 학교친구들이랑 다르게 키우려고 하면 너무 잔인한 처사가 되지 않을까요? 게다가 조만간 우리 곁을 떠날 텐데 이제 와서 작은 삶을 시작하기에는 너무 늦은 거 아닐까요?"

어디서 많이 듣던 걱정 같지 않은가?

가족과 함께 사는 사람이라면 온 가족이 '작은 삶'에 동참해주길 바라는 마음이 얼마나 간절할지, 나도 이해할 수 있다. 아직은 가정을 이루지 않은 사람이라도 이번 장을 읽어두면 언젠가 도움이 될 것이다.

나도 가족을 둔 사람으로서 장담하자면 얼마든지 가족과 함께 작은 삶을 향해 나아갈 수 있다. 온 가족이 동의하는 수준을 넘어서 앞으로의 변화에 설레어 할 수 있다. 시간은 좀 걸리겠지만 가르치고 같이 이야기하며 작은 삶의 길을 함께 걸을 수 있다. 걱정이 되는 가족 구성원이 배우자가 됐건 어린아이가 됐건 큰아이가 됐건 내가 알려주는 방법대로 하면 된다.

다른 사람들은 어떻게 생각할지 모르겠지만 나는 가족과 함께 작은 삶을 살길 원하는 것이 사랑의 표현이라고 생각한다. 당신이 작은 삶에서 자유와 생동감을 느꼈듯이 당신의 배우자와 아이들도 그럴 수 있길 바랄 것이다. 그들도 스트레스는 줄고 만족감은 늘어나고, 전보다 나은 상황에서 꿈을 추구할 수 있을 테니 말이다. 당신이 가족에게 만들어주고 싶은 환경이 그런 환경 아니겠는가. 작은 삶을 공유하는 것이 가족에게 줄 수 있는 가장 큰 선물일 수도 있다.

　미리 겁먹을 필요는 없다. 가족에 대한 사랑이 힘이 될 것이다. 가족들도 좀 더 단순하고 좀 더 보람 있는 작은 삶이라는 혜택을 누릴 수 있도록 지금 당장 시작해보자.

작은 삶의
동반자

작은 삶을 선택한 사람들은 친구, 직장동료, 부모 등 여러 회의론자들을 만날 수 있다. 하지만 평소에는 가장 열렬하게 응원을 해주었던 사람이 가장 엄청난 회의론자로 돌변하면 어떻게 해야 할까? 배우자가 당신의 달라진 모습에 호응하지 않으면 어떻게 될까? 같이 사는 사람이기 때문에 문제가 더 복잡해진다. 작은 삶의 무대가 되는 주거 공간과 살림을 공유하는 사이니 말이다.

　먼저 대화를 나누어야 한다. 작은 삶은 무엇이고 거기에 왜 매력을 느끼는지. 작은 삶이 당신에게 어떤 식으로 이득이 될 거라고 생각하는지. 상대방을 공격하거나 비난하려는 게 아니라 상대방을 사랑하고 작은 삶이 그에게도 좋을 거라고 생각하기 때문에 권하려고 한다는 점을 분명히 한다. 그런 다음 상대방이 하는 얘기를 귀담아 듣는다.

이런 대화는 시작하는 시점과 방식을 신중하게 선택해야 한다. 잡동사니 이야기는 화가 나 있는 상태에서 꺼내는 경우가 많기 때문에 상대방을 공격하는 것처럼 들리기 십상이다. 옷장이 터질 지경이거나 서랍이 닫히지 않아 짜증이 났을 때는 이런 얘기를 꺼내면 안 된다. 커피를 마시거나 저녁을 먹으면서 요즘 깨달은 사실에 대해 대화를 주고받을 때 작은 삶이 당신의 가정에 어떤 식으로 좋은 영향을 줄 거라고 생각하는지 이야기한다. 항상 좋은 점과 긍정적인 변화를 강조한다.

작은 삶을 주제로 나누는 대화는 한 번으로 끝날 수가 없다. 수없이 반복되어야 한다. 따라서 배우자가 거부감을 보이더라도 차분하게, 논리적으로 계속 설명한다. 오해를 풀고 차이점을 이해하면 배우자의 눈에도 청사진이 보이기 시작할지 모른다.

그동안 배우자의 물품을 허락 없이 치우고 싶은 유혹이 느껴지더라도 참아야 한다. 공통의 영역은 건드리지 말고 당신의 물건만 최대한 정리한다. 당신의 잡동사니만 치워도 집안이 얼마나 깔끔해지는지 실감하면 놀랍게 느껴질지 모른다.

당신의 물품을 간소하게 정리하는 것이 파트너의 동의 없이 작은 삶을 시작하려는 꼼수는 아니다. 오히려 작은 삶의 장점을 직접 보여주는 하나의 방편에 가깝다. 말보다 실천이 더 중요하다지 않는가. 80/20의 법칙을 설명하는 것보다 당신이 쓰던 옷장의 한편을 깨끗하게 치우는 쪽이 훨씬 더 설득력이 있을 것이다. 어쩌면 중요한 물건을 엉뚱한 데 두고 찾지 못했을 때 당신의 배우자는 깨끗하게 정리된 책상이나 침실 탁자를 보고 작은 삶에 혹할지도 모른다.

본보기는 중요한 도구다. 무시할 게 아니다. 별 효과가 없어 보여서 차라리 강요하는 게 낫겠다는 생각이 들더라도 묵묵히 혼자서 할 수 있는 일을 하다보면 결실을 맺을 수 있을 것이다. 예전에 어떤 여성이 내게 말하길 5년 동안 본보기를 보인 다음에서야 남편이 작은 삶의 장점을 깨달았다고 했다. 서두른다고 되는 게 아니다. 날마다 한결같은 모습을 보이는 수밖에 없다.

어느 정도 시간이 지나면 타협점이 등장할 것이다. 책상 서랍이 됐건 식탁이 됐건 차고가 됐건 아무리 최악의 '쟁임병' 환자라도 좀 치워야겠다는 결론을 내릴 수밖에 없는 두 사람의 공용 공간이 바로 그 타협점이다. "우리 욕실 서랍에 뭐가 너무 많은 것 같지 않아?" 정리하고 싶은 공간에 대해 이런 식으로 배우자에게 의견을 묻는다. 어떤 식으로 정리하고 싶은지 구체적으로 밝혔을 때 배우자가 놀라울 정도로 협조적인 태도를 보일 수도 있다.

배우자의 반응은 느리고 당신은 소유를 줄이는 데서 오는 해방감을 만끽할 수 있는 공간이 절실하다면 방 하나를(아니면 방 한 귀퉁이만이라도) 작은 삶의 성소로 만드는 것도 한 방법이다. 잡동사니와 소음과 주의를 산만하게 만드는 요소가 전혀 없는 이 공간에서 시간을 보내면 마음이 차분해지고 재충전이 돼 당신의 능력이 닿는 한도 내에서 가장 훌륭한 배우자, 가장 훌륭한 부모가 될 수 있을 것이다. 이 공간을 잘 지키자. 배우자가 동참할 때까지 최대한 활용하자.

젤리 틀 ○
대참사

아내와 내가 작은 삶을 함께 실천하기로 합의했을 때 그 과정이 항상 순탄하지만은 않았다. 살림을 어느 정도는 처분하고 어느 정도는 그대로 둘지, 소비 습관을 어떤 식으로 바꿀지를 놓고 자주 의견 충돌을 빚었다.

　나는 살림의 80퍼센트를 줄이고 싶어 했다면 아내는 60퍼센트를 줄이고 싶어 했다. 때문에 처음 몇 번은 잘 됐을지 몰라도 결국 나는 계속 군더더기를 쳐내고 싶어 하지만 아내는 차일피일 미루는 지점에 다다를 수밖에 없었다.

　작은 삶을 실천하기 시작하고 4개월이 지나 8월 22일이 되었을 때, 나는 우리의 차이점에 대해 중요한 깨달음을 얻었다. 내가 정확

한 날짜를 기억하는 이유는 그날이 아들의 생일이라 스포츠를 테마로 파티를 열어주기로 한 날이었기 때문이다. 그 전주에 나는 아내 모르게 부엌 서랍을 정리하는 만행을 저질렀다. 문제는 그 과정에서 아내가 파티 때 쓰려고 했던 스포츠 테마의 젤리 틀을 버리고 만 것이다. 부엌에서 전해지는 고함소리를 들어보면 그녀가 어느 정도로 화가 났는지 누구라도 알 수 있었다.

나는 그날 깨달은 교훈을 지금까지 가슴 속 깊이 간직하고 있다. 남의 잡동사니는 잘 보여도 내 잡동사니는 잘 보이지 않는다는 교훈을 말이다. 작은 삶을 실천하겠답시고 허락도 없이 물건을 처분하는 것은 절대 좋은 생각이 아니다. 남의 것이나 공용 물건을 건드리기 전에 내 것부터 줄이는 데 집중하는 편이 좋다.

두 사람의 의견이 100퍼센트 일치하는 경우는 거의 없으니 건강한 관계는 타협을 기반으로 유지된다. 작은 삶도 마찬가지다. 오늘날까지도 우리 부부는 작은 삶을 두고 티격태격한다. 가장 자주 의견이 부딪치는 부분이 옷과 아이들 물건이다. 하지만 서로 타협한 부분에 있어서만큼은 잡동사니 없이 유지할 수 있도록 협심한다.

아이가 있다면 그 다음으로 밟아야 할 중요한 단계가 아이들의 생활에는 어떤 식으로 작은 삶을 도입할지 서로 합의하는 것이다. 육아가 늘 그렇듯 운동에 동참하라고 아이를 설득할 때도 부모가 같은 모습을 보이는 것이 중요하다. 따라서 이 부분에 대해서도 사전에 배우자와 많은 대화를 나누어야 한다.

10대 청소년들만의 문제를 짚고 넘어가기 전에 어린아이들의 경우를 먼저 이야기할 텐데, 아이의 연령대와 상관없이 명심해야 할 사항이 있다면 솔선수범이 필수라는 것이다.

아이들의 씀씀이를 줄이고 싶으면 나부터 먼저 줄여야 한다. 아이가 안 쓰는 물건을 기증하길 바라면 나부터 먼저 기증해야 한다. 나는 1년에 고작 몇 번 타지도 않을 자전거를 사면서 아이한테는 장난감을 포기하라고 할 수 있을까? 내 옷장은 터지기 직전인데 아이한테는 작아서 못 입게 된 옷을 골라서 기증하라고 할 수 있을까?

부부가 합심해서 모범을 보여야 아이들도 거부감 없이 따를 수 있을 것이다.

작은 삶을 사는 꼬맹이

○

우리 부부가 삶의 군더더기를 줄이기 시작했을 때 각각 5살과 2살이었던 아이들이 지금은 15살과 12살이 되었다. 나는 다른 친구들에 비해 없는 게 많은 집에서 아이들이 자라는 과정을 지켜보고 있다. 아이들은 우리의 생활방식에 만족하며 그 안에서 무럭무럭 성장하고 있다. 스스로 전혀 궁금하다고 생각하지 않는다. 반대로 풍성한 삶을 즐기며 상상력과 꿈과 창의력이 풍부한 청소년이 되어가고 있다.

어느 부모나 그렇듯 우리 부부 역시 실수도 저질렀지만 그 와중에 소중한 교훈도 깨달았다. 그중에서도 가장 중요한 교훈은 아이들이 있으면 작은 삶을 살기란 훨씬 힘이 들지만 그만큼 막중한 임무가 부여된다는 것이다. 어렸을 때 자제하는 법을 배우지 못한 아이들은 자라서도 자제할 줄 모르는 어른이 된다.

하지만 어떻게 하면 아이들을 작은 삶의 길로 인도할 수 있을까?

아이의 연령에 따라 접근방식은 다르다. 작은 삶에 대해 잘 모르는 배우자와 협상할 때 교육이 필요하듯 아이들에게도 교육이 필요하지만 어린아이들에게는 좀 더 직접적으로, 10대들에게는 좀 더 설득력 있게 다가가야 한다.

어린아이들은 '작은 삶'에 대해 생각해보기는커녕 누군가로부터 들어본 적도 없을 것이다. 때문에 작은 삶을 쉬운 말로 설명해주어야 한다. 부모로서 소유를 줄이는 생활방식을 선택한 이유와 그런 생활방식의 장점에 대해서 말이다. 아이들은 우리가 짐작하는 것보다 훨씬 더 똑똑할 때가 많다. 아이들은 엄마, 아빠가 벌을 주려는 게 아니라 그들을 사랑하기 때문에 그런 선택을 했음을 금세 깨달을 것이다.

아이들이 질문을 하거나 걱정거리를 털어놓으면 최선을 다해서 대답해주자. 더 이상 아무것도 사지 않겠다는 게 아니라 앞으로는 뭘 살 때 좀 더 신중하게 사려는 거라고 안심시키자. 그뿐 아니라 아이들이 더 이상 쓰지 않는 물건들을 처분할 방법도 마련해야 한다.

아이들이 이 운동의 목표를 이해하고 부분적으로나마 동참하려는 뜻을 보이면 처분하기 가장 쉬운 물건을 함께 찾아본다. 이제는 입지 않는 옷, 이제는 가지고 놀지 않는 장난감, 이제는 읽지 않는 책…… 아이들은 이런 군더더기 같은 물품이 없어도 잘 살 수 있음을 깨달을 것이다.

그러고 나면 다른 물건들 중에서 정말로 필요한 건 얼마나 될까? 하고 자문할지 모른다. 이 새로운 생활방식을 쉽사리 받아들이고 어른들보다 더 창의적이고 적극적으로 방법을 제시하는 아이들의 모습에 여러분이 깜짝 놀랄 수도 있다. 조만간 당신의 집에서 작은 삶을 사는 꼬맹이가 탄생할지 모른다.

삶의 군더더기를 줄일 때 아이들에게 권한을 부여하고 잡동사니를 좀 더 줄이려면 선을 정해야 한다. 뭐는 사거나 가지고 있어도 되고 뭐는 안 되는지 분명한 가이드라인을 제시해야 한다. 예를 들어 우리 가족의 경우 장난감은 벽장에, 미술 작품은 침대 밑에 두는 투명 플라스틱 통에 보관할 수 있는 만큼 가지고 있기로 딸아이와 합의를 보았다. 거기서 넘치면(결국에는 넘칠 수밖에 없게 되어 있다) 뭐는 두고 뭐는 버릴지 딸아이에게 결정을 맡긴다. 우리 집에서는 이런 식의 대화를 1년에 두 번씩 나눈다.

선을 정하는 것은 누구에게나 막강한 효력을 발휘하지만 구체적인 사고를 하는 어린아이들의 경우에는 특히 그렇다. 선을 정하면 돈과 공간과 시간의 한계를 인식하는 데 도움이 된다. 무엇을 해야 하고 무엇을 기대할 수 있는지 파악하는 데 도움이 된다. 부모로서 선을 현명하게 활용하고 아이들이 그걸 잘 지킬 때마다 칭찬해주기 바란다.

칭찬하는 방법 중 하나가 즐거운 추억이라는 상을 내리는 것이다. 당신이 이미 삶의 군더더기를 줄이는 작업에 돌입했다면(돌입했어야 한다. 모범을 보이는 것이 중요하다지 않던가) 남는 돈과 시간이 생겼을 것이다. 이것으로 온 가족이 즐거운 추억을 쌓아보자. 바닷가나 놀이동산으로 놀러가도 좋고 가까운 곳으로 주말여행을 떠나도 좋겠다. 특히 대출을 갚는 중이라면 여행 한 번에 그 돈을 모두 써버리면 안 되겠지만 작은 삶의 장점을 이런 식으로 강조하면 아이들에게 당신의 선택을 이해시키고 아이들의 참여를 공고하게 다지는 데 많은 도움이 될 것이다.

다 가져서
불행한 아이

○

"도대체 어떻게 하면 좋을지 모르겠어, 조슈아. 뭘 해줘도 반응이 심드렁하니." 내 친구 산티아고^{Santiago}의 하소연에 호기심이 동한 나는 의자에서 허리를 펴고 앉았다.

산티아고는 나보다 나이가 몇 살 더 많았고 경제적으로 보았을 때 모든 면에서 나보다 넉넉했다. 수입도 더 많고, 차도 여러 대이고, 집도 더 넓고, 아이들의 장난감도 더 많았다. 우리는 시내 음식점에서 맛있는 음식을 먹으며 결혼생활과 아이들에 대해 이야기를 나누던 중이었다. 중간에 화제가 초등학생인 그의 딸 쪽으로 흘러갔다.

내 친구는 울상을 지었다. "이해가 안 돼. 서랍 가득 비디오게임이고 침대 가득 인형이야. 방 하나를 아예 장난감 방으로 꾸며줬거든. 그런데도 반응이 심드렁해. 계속 심심하다고만 그래."

이 시점에서 화제가 바뀌었다. 육아 얘기가 나오면 다들 그렇듯 그의 어린 시절이 생각난 것이다.

"내가 어렸을 때 우리 집에는 아무것도 없었어. 진짜 찢어지게 가난했거든. 장난감이라곤 세 개뿐이었고 그마저도 3명의 다른 형제들이랑 같이 써야 했다고. 그래도 있는 걸로 어찌어찌 버티면서 얼마나 재미있게 지냈는지 몰라. 부모님한테 뭘 사달라고 조른 기억도 없는데."

나는 그의 고민에 응답할 준비가 되어 있었다.《아이와 함께 하는 작은 삶Clutterfree with Kids》이라는 책의 원고를 이제 막 끝낸 참이었다.

"어쩌면 형의 딸은 장난감이 너무 많아 불만인 게 아닐까? 이런 식으로 생각해봐. 형은 어렸을 때 장난감이 3개뿐이었잖아. 그리고 그게 바뀌지 않을 거라는 걸 알았고. 형에게 장난감은 끝까지 3개뿐일 테니까 어떻게든 그 안에서 즐거움을 찾아야 했지. 그럴 수밖에 없었으니까."

내 친구가 고개를 끄덕이는 걸 보면 거기까지는 동의하는 모양이었다.

"형의 딸은 상황이 180도 다르지. 광고에서 본 게 됐건 친구한테 있는 게 됐건 가지고 싶은 게 생기면 뭐든 말만 하면 되니까. 형은 다음 번 장난감, 다음 번 게임, 다음 번 선물에서 행복을 찾도록 아이를 방치하고 있어. 아니, 사실상 조장하고 있어. 이미 가지고 있는 장난감에서 행복을 찾을 수밖에 없는 상황이 되면 찾을 수 있을지 몰라. 하지만 형의 딸은 지금 갖고 있는 게 아니라 다음 번 장난감이 행복을 가져다줄지 모른다고 계속 그렇게 믿으면서 살아가고 있잖아."

내 말이 맞다는 걸 알았기 때문에 그의 표정은 점점 어두워졌다. 딸이 표출하는 불만에는 그가 기여한 부분이 컸다.

아이들에게는 선을 그어줄 필요가 있다는 것이야말로 모든 부모가 알아야 할 부분이다. 어느 정도 가지면 너무 많은 건지 부모가 가르쳐주지 않는 한 아이들의 욕구는 충족되지 않을 것이다. 넘치게 사서 모으는 습관의 폐해를 고민하지 않는 아이로 키우면 지금 우리 사회에 만연한 과잉의 폐단을 반복할 수밖에 없을 것이다.

아이들만큼은 과소유의 속박에서 벗어나게 하고 싶다면 줄일수록 풍성해진다고, 줄일수록 재미있어진다고 일찍부터 가르쳐야 한다. 그것이 아이들에게 사랑을 표현할 수 있는 가장 좋은 방법이다.

10대 자녀와
소통하는 법

내 경험상 어린아이들은 작은 삶으로 인도하기가 비교적 쉬운 편이다. 하지만 10대들도 그렇다고는 말하지 못하겠다. 반항이 10대의 특권 아니던가. 그래도 단순하게 살 수 있도록 습관을 잡아주는 것이 아이들을 독립시키기 전까지 얼마 안 남은 기간 동안 처리해야 하는 부모의 필수 임무 가운데 하나다.

나는 청소년 관련 봉사활동을 많이 해봤기 때문에 그들을 잘 안다. 10대들이 종종 작은 삶을 거부하는 이유는 또래집단의 인정을 가장 중요하게 생각하기 때문이다. 광고업계에서는 소비 습관에 평생 영향을 미칠 수 있길 바라며 의도적으로 10대 청소년을 타깃으로 삼는다. 게다가 이때는 아이들이 본격적으로 의사 결정권을 발휘하는 시기이기 때문에 어른, 특히 부모의 충고를 달갑게 여기지 않는다.

10대를 둔 부모라면 이것이 얼마나 만만치 않은 도전과제인지 알 것이다. 하지만 아이들에게 '작은 삶의 의미'를 가르치면 어떤 점에서 좋은지도 알아야 한다. 아이들은 인생의 가장 결정적인 순간들을 앞두고 있다. 아직 신용거래를 시작하지 않았기 때문에 빚의 노예로 지내지도 않는다(이 상태가 계속되길!). 소비 습관도 외부 요인들의 영향을 받고는 있지만 아직 완전히 굳어지지 않았다.

나는 얼마 전에 존경하는 학부모, 멘토, 사회지도층 인사들을 모시고 과잉의 시대에 어떻게 하면 청소년들을 작은 삶으로 인도할 수 있을지 고견을 들었다. 공동의 지혜가 얼마나 귀한지 알기 때문이었는데 그들의 의견을 일부 소개하자면 다음과 같다.

- **이상주의자로 키운다** 10대들은 대부분 세상을 바꾸어놓을 수 있는 사회운동을 지지하고 싶어 한다. 하지만 어른들이 10대들의 이상주의를 오해하고 심지어 말리는 경우가 많다. 권장해도 모자랄 판국에! 아이들에게 작은 삶 덕분에 가능해지는 일들에 대해 설명하면 단순히 최신 전자기기, 멋진 차, 넓은 집을 손에 넣을 수 있기를 소망하는 것보다 더 큰 꿈을 심어줄 수 있다.

- **비싼 물건은 스스로 장만하게 한다** 모든 부모는 아이들에게 의식주와 기타 생필품을 제공할 의무가 있다. 그리고 온당한 범위 안에서 선물도 주어야 한다. 하지만 10대 아이들에게 비싼 물건은 스스로 장만하게 하면 소유의식이 길러지고 일과 만족감의 관계를 깨닫게 된다.

- **광고에 숨겨진 메시지를 간파하게 한다** 광고는 영원히 없어지지 않을 테고 우리는 광고를 완벽하게 차단할 방법이 없을 것이다. 아이에게 "이건 뭘 팔려고 하는 광고 같니? 저걸 사면 광고에서 얘기하는 대로 될까?" 같은 질문을 던짐으로써 광고의 숨겨진 메시지를 읽을 수 있게 한다.

- **동지를 찾는다** 아이들이 10대가 되면 부모의 역할은 급격히 달라진다. 대부분의 가정에서 아이들이 부모로부터 독립을 선언하기 때문이다. 하지만 그렇다고 해서 아이들이 어른의 말을 절대 듣지 않는 건 아니다. 주변에서 당신과 가치관이 비슷한 선생님이나 멘토를 찾아 아이의 상담을 맡기면 어떨까?

- **권리를 당연시하지 않게 한다** 부모들은 대개 아이들에게 모든 편의를 제공하려고 갖은 애를 쓴다. 그러느라 책임감의 실체를 가르치지 않고 인생 준비를 도외시한다. 소유에는 힘든 노력이 따른다. 차는 세차와 관리를 해야 하고 빨래는 개어야 하고 방은 청소를 해야 한다. 10대 아이들에게 이런 현실을 자주 접하게 해야 한다.

- **봉사활동을 다녀온다** 지금까지 나와 함께 전 세계의 빈곤 지역을 다녀온 수많은 청소년들은 소유의 불평등에 하나같이 충격을 받았다. 그리고 가

진 게 그렇게 없는데도 행복해 보이는 사람들의 모습에서 감동을 받았다. 아이들에게 제3세계의 실상을 보여주면 우리 주위의 소비지상주의가 얼마나 어리석고 부적절한지 느낄 수 있을 것이다. 주변에 이런 봉사를 추진하는 단체가 있으면 아이에게 권유해보자.

- **가장 중요한 건 가진 것이 아니라 됨됨이라고 가르친다** 고귀한 인품이 그 어떤 재물보다 훨씬 더 소중한 자산이다. 당신이 그걸 몸소 보여주기 바란다. 그리고 기회가 닿을 때마다 주변의 청소년들에게 깨우쳐주기 바란다.

이러니저러니 해도 10대를 대할 때는 인내심과 끈기를 발휘해야 한다. 아이들의 나이가 많을수록 작은 삶으로의 전향이 쉽지 않을 것이다. 내 경우에는 소유물을 줄이는 생활방식을 받아들이기까지 30년이 걸렸는데 아이들은 30분 또는 30일 만에 받아들여주길 바라면 지나치게 어리석은 욕심 아닐까. 하지만 시간이 지나면 청소년기의 아이들도 작은 삶이 부여하는 자유를 좋아하게 될지 모른다. 그렇지 않더라도 당신의 본보기와 가르침이 있으니 나중에 필요할 때 의지할 수 있을 것이다.

작은 삶을 사는
학생

○

제시카 당Jessica Dang은 부모님과 함께 영국에서 생활하던 15살 때부터 '작은 삶의 원칙'을 설명하는 불교 서적들을 읽기 시작했다. "처음 접한 순간부터 푹 빠졌어요. 논리가 완벽하더라고요. 인간이라면 누구나 행복하게 살고 싶어 하는데 대부분 그렇게 생각할지 몰라도 물질적으로 풍요로워야 행복해지는 건 아니거든요."

그런데 제시카가 작은 삶에 매력을 느끼기 시작했을 무렵, 부모님은 그 어느 때보다 많은 돈을 벌고 또 많이 쓰고 있었다. "넓은 집으로 이사하고, 옷과 새 차와 번쩍이는 온갖 기기들을 구입하고, 다른 사람들이 돈이 생기면 장만하는 모든 것을 장만했죠. 어이없는 수준으로까지 발전하지는 않았지만 우리가 그렇게 사들인 물건들은 대부분 집안 곳곳에서 먼지만 뒤집어쓰는 신세를 벗어나지 못했어요. 가장 후회가 되는 게 아버지가 엄청난 규모의 운동기구들을 사겠다고 했을 때 거들었던 건데, 그 기구들을 단 한 번도 써본 적이 없지 뭐예요! 집안이 점점 복잡해지니 방들은 점점 작게 느껴졌고 그 많은 것에 둘러싸여 있으면서 늘 불안해졌어요."

나는 제시카에게 그 당시 친구들은 그녀가 실천하는 작은 삶에 대해 어떤 반응을 보였느냐고 물었다.

"가끔 친구들이랑 내가 다른 세계에 사는 것처럼 느껴지곤 했어요. 친구들은 최신 유행이며 뭐며 걱정하는 게 한두 가지가 아니었는데 저는 관심이 전혀 없었거든요. 처음에는 물질적인 것에 그렇게 안달복달 연연하지 말라고, 그게 인생에서 가장 중요한 건 아니라고 얘기하려고 했어요. 그런데 소귀에 경 읽기 같아서 결국에는 입 다물고 가만히 있었죠. 엉뚱한 사람들한테 설교를 하고 있었으니까요."

그래서 제시카는 〈작은 삶을 사는 학생Minimal Student〉이라는 블로그를 만들고 그 공간에 그녀의 생각과 그동안 벌여온 실험을 기록해 나갔다. 그곳을 통해 그녀와 생각이 비슷한 다른 청소년들의 온라인 커뮤니티를 발견했다.

대학교에 입학할 때가 되자 제시카는 필요한 짐만 차 트렁크에 싣고 다른 도시로 떠났다. 마침내 단순하게 살 수 있어 기뻤고 필요한 물건은 정말로 많지 않다는 걸 확인할 수 있었다.

그녀는 대학교 생활 1년 만에 모든 짐을 여행가방 하나로 줄인 채 일본으로 1년 살아보기를 떠났다. "내 평생 가장 환상적인 1년이었어요. 새롭고 신나는 것들을 수도 없이 접하고, 구경하고, 맛보았고 심지어 몸무게에서도 해방됐어요! 그 해가 지났을 때 내 인생은 완전히 달라졌어요. 학교 공부를 마치러 영국으로 돌아와 다시 집을 구한 후 몇 개 되지도 않는 소지품을 들고 들어갔어요. 평생 두 번 다시 누릴 수 없을 만큼 행복한 시간을 보냈죠."

제시카가 앞으로 다시 과소비를 하며 잡동사니를 잔뜩 쌓아나
갈 가능성이 있을까? 나는 없다고 본다. 그녀는 더 나은 길을 찾았고
평생 그 길을 고수할 것이다. 10대라는 그 어린 나이에 뿌리를 내린
'작은 삶의 길'을 말이다.

사람이
먼저다

너도나도 재물과 소유에서 행복을 찾으려고 한 역사가 너무 길다. 이
제는 다른 데서 행복의 근원을 찾는 세대를 길러야 할 때다. 다시 한
번 강조하지만 얼마든지 온 가족이 함께 작은 삶을 살 수 있다. 우리
가족과 내가 아는 수많은 가족이 바로 그 증거다.

작은 삶에 대해 공부하자. 대화를 나누자. 본보기를 보이자. 선
을 정하자. 수확을 거두어들이자.

온 가족이 다 함께 소유를 줄일 수 있다면 얼마나 환상적일까!

그런데 이 장을 마무리 짓기 전에 강조하고 싶은 게 있다. '작은
삶'도 중용하지만 배우자와 아이들과의 관계가 훨씬 더 중요하다는
것이다.

작은 삶을 실천하려다 협조를 원치 않는 배우자와 아이들과 갈

등과 분노를 겪는 사람들을 보았다. 그보다 더 심각하게는 일방적으로 작은 삶을 추구하려다 가족이 해체되는 경우를 접한 적도 있다.

한번은 이런 충격적인 이메일을 받은 적도 있었다.

조슈아, 조언을 구하고 싶어요. 집안의 잡동사니 때문에 말 그대로 숨이 막혀 죽을 것 같거든요. 그런데 남편은 내 말을 들으려고 하지 않고 뭐 하나라도 정리할 생각이 없어요. 그와 이혼을 해야 하는 걸까요?

나는 서둘러 그녀에게 답장을 보냈다.

숨이 막히는 그 심정은 이해하지만 이혼은 절대 안 돼요. 작은 삶을 통해 주변 사람들과 더 행복해져야지 그것 때문에 벽이 생기면 안 되죠.

하마터면 큰일 날 뻔하지 않았나! 당신은 결코 이런 착각을 범하지 않길 바란다. 잡동사니 문제 때문에 감정적으로든 어떤 방식으로든 가족들과 멀어지는 일이 일어나서는 안된다.

쉽게 사람을 바꿀 수는 없다. 그가 허락하는 한도 안에서 설득하고, 응원하고, 도울 수 있을 따름이다. 가족들이 작은 삶에 대해 보이는 반응이 만족스럽지 못할 수도 있지만 그럴 때는 당신만이라도 작은 삶을 시도해 보는 게 전혀 아무것도 하지 않는 것보다는 낫다.

사랑의 가장 큰 증거가 인내다. 좌절감이 점점 커져 가족들 앞에서 폭발할 것 같다면 심호흡을 해보자. 당신도 완벽하지 않다는 걸 상기하자. 배우자와 아이들의 장점을 하나씩 차례대로 떠올려보자. 다시 한 번 반복하지만 사람은 바꿀 수 없다. 그 사람과 소통하는 방법만 바꿀 수 있을 뿐이다.

가족이 군더더기 없는 작은 삶을 거부하는 데에는 그만한 이유가 있을 수도 있다. 깊은 마음의 상처 때문에 배우자나 아이에게 물건을 쌓아두는 습관이 생겼을 수도 있다. 강박증이나 다른 증상 때문일 수도 있다. 그렇다면 조심스럽게 접근하고 전문적인 치료를 비롯해 가족에게 필요한 도움을 주어야만 한다.

가족들에게 작은 삶을 전파하는 것은 중요한 일이다. 의미 있는 변화를 추구할 때 사랑하는 사람과 함께 하는 것만큼 든든한 것도 없다. 하지만 우선순위를 기억해야 한다.

어떤 경우라도 물건이 먼저가 돼서는 안 된다(또는 물건이 없는 게 먼저가 아니다). 사람이 먼저다. 특히 가까이 있는 사람이 먼저다.

지금까지 가족의 동참을 유도하는 방법을 비롯해 단계별로 삶의 군더더기를 줄이는 방법에 대해 살폈으니 이제는 그런 삶을 통해 누릴 수 있는 혜택이라는 좀 더 큰 그림으로 넘어가야겠다. 과도한 소유는 우리에게 행복을 가져다주지 못할 뿐 아니라 그보다 더 심각하게는 우리에게 행복을 가져다주는 것들로부터 멀어지게 한다. 필요 없는 잡동사니에서 벗어나면 자유롭게 온갖 중요한 것들을 추구할 수 있다.

앞으로 11장에서는 좀 더 베푸는 사람이 되는 법, 12장에서는 모든 면에서 목적이 있는 삶을 사는 법, 13장에서는 큰 꿈을 꾸는 법에 대해 이야기하겠다.

11장 — 의미 있는 삶을 향한 지름길

"나는 감사하게도 많은 특권을 누리며 살았다.

이제는 우리가 누렸던 행운들에 대해 책임감을 느낄 때이다."

___네이선 블레차르지크(에어비앤비 공동창업자)

어느 날 가족들과 함께 장을 보고 나와 보니 우리 차 옆면을 누가 긁고 지나간 자국이 남아 있었다. 심장이 철렁했다. 조수석 옆면에 누가 봐도 알 수 있을 만큼 흉한 자국이 남다니!

그보다 더 심각한 문제는 긁고 지나간 운전자가 연락처도 남기지 않았기 때문에 보상을 받을 방법이 없다는 것이었다. 긁힌 자국을 지우려면 내가 비용을 부담해야 했다. 하지만 우리 차의 연식을 감안했을 때 흉물스러운 상태 그대로 다녀야 할 가능성이 컸다.

아내와 나는 씩씩대며 아무 말 없이 주차장을 빠져나왔다.

그리고 어느 정도 진정이 됐을 때 곰곰이 생각해보았다. 우리 차가 긁힌 걸 보고 왜 그렇게 화가 났던 걸까?

우리에게 이 차는 상당한 투자를 의미하기 때문인 듯했다. 거금을 들여 장만했고 많은 시간과 에너지를 들여서 관리한 차이기 때문인 것만 같았다. 만약 자전거에 비슷한 자국이 남았다면 거의 신경쓰지도 않았을 것이다. 하지만 차는 집에 이어 두 번째로 금액이 큰 자산이었고 내가 거기에 감정적으로 투자한 부분도 많았다.

안타깝게도 우리는 엉뚱한 데 연연하는 경우가 너무 많다. 영원한 기쁨을 가져다주지도 못하는 물질을 축적하는 데 인생을 바친다. 더 넓은 집, 더 비싼 차, 더 멋진 옷, 더 끝내주는 전자기기를 찾아다니고 이미 터질 것 같은 벽장에 점점 더 많은 것을 쑤셔 넣는다. 그러다보니 잡동사니를 관리하는 데 쏟는 시간과 에너지는 점점 더 늘어난다.

하지만 일시적일 수밖에 없는 물질적인 데서 영원한 만족감을 찾을 수는 없다. 그 때문에 생긴 욕구불만의 증거가 바로 과잉이다.

이제는 밖으로 눈을 돌려 진정한 즐거움과 꺼지지 않는 목적의식, 지속적인 만족감을 줄 수 있는 투자처를 찾아야 한다. 가족, 친구, 마음공부, 사회운동 등 우리는 이런 곳에 더 많은 시간과 에너지와 경제력을 할애해야 한다.

소유를 줄이면 좀 더 베푸는 삶을 살 수 있다. '작은 삶'이야말로 의미 있는 인생으로 향하는 가장 빠른 지름길이다. 좀 더 베풀며 살고 싶어 하는 사람들이 많지만 과소비와 과소유의 부담에서 벗어나야 가능한 얘기다. 나에게 남는 것으로 남의 필요를 충족시킬 수 있을 때 삶은 풍요로워진다. 베풀 때마다 주는 사람과 받는 사람, 양쪽 모두의 잠재력을 느낄 수 있다.

따라서 베푸는 자세는 단순히 작은 삶의 결과물이 아니라 동기가 될 수도 있다.

당신과 주변 사람들은 물론이고 전 세계 인구의 삶을 개선하는 데 동참하고 싶지 않은가? 쓰지 않는 물건, 남는 돈과 시간을 기증해 보라. 당신은 물론 받는 사람까지 양쪽 모두가 놀라운 경험을 하게 될 것이다.

대실패로 끝난 벼룩시장 ○

집안의 군더더기를 줄이기 시작했을 때 우리 부부는 처분하려는 물건들을 어떻게 하면 좋은가 하는 문제에 직면했다. 처음에는 최대한 본전을 찾고 싶었다. '이걸 장만하느라 들인 돈이 얼만데 남는 게 뭐라도 좀 있어야지.' 이런 생각이었다.

우리는 그 목표 아래 여러 가지 전략을 동원했다. 온라인 중고 사이트에 판매글을 올렸다. 옷은 중고품 위탁 판매점에 들고 갔다. 이베이eBay에 계정을 만들었다(잡동사니 서랍을 통째로 올린 적도 있었다. 놀랍게도 사겠다는 사람은 한 명도 없었다!). 그리고 두말하면 잔소리지만 벼룩판매도 했다.

우리는 '작은 삶'을 시작하고 몇 주가 지난 어느 토요일 아침을 결전의 날로 잡았다. 일찍 일어나서 얼른 아침식사를 해치우고 테이

블을 설치한 후 사람들이 쉽게 둘러볼 수 있도록 그릇, 옷, 장난감, 장식품, CD, DVD를 종류별로 늘어놓았다. 진열된 물건에는 가격표도 써서 붙였다.

모든 준비가 끝나자 길거리에 풍선을 매달았다. 비가 내리지 않길 기도하며 백화점처럼 잔잔한 음악도 틀어놓았다. 이런 식으로 거창하게 벼룩시장의 문을 열었다.

아내와 나는 손님을 기다리며 여기서 거금이 생기면 그걸로 뭘 할지 이야기를 나누었다. 저축을 할까? 여행을 갈까? 거실 카펫을 바꿀까? 할 수 있는 일이 무궁무진했지만 그건 모두 현실을 깨닫기 전의 일이었다.

초록색 플라스틱 의자에 앉아 있는 동안 손님들이 더딘 속도로 왔다가 갔다. 다들 물건을 집어서 이리저리 살펴보다 내려놓았다. 아내와 나는 조잘거리며 그들과 최대한 눈을 맞추었다. 몇 가지 상품에 관심을 보이는 사람들도 있었지만 대개 가격을 흥정해야 했다.

해가 기울고 오후가 찾아오자 우리는 값을 내렸다. 어떻게든 팔아보려고 다각도로 노력을 기울였다. 심지어 나는 차를 타고 지나가는 사람들의 관심을 끌 수 있도록 손님인 척하는 수법까지 동원했다.

그날 우리가 번 돈은 135달러였다. 실망스러운 금액이었다. 예상보다 한참 저조한 성적이었다. 우울하기도 했다. 가격을 25센트까지 낮추었는데도 장식품이 팔리지 않는 것보다 우리의 취향에 의구

심을 품게 되는 사건이 또 있을까.

그날 저녁에는 너무 피곤해서 저녁을 만들어 먹을 기운도 없었기 때문에 하루 종일 번 돈의 절반을 외식에 썼다. 벼룩판매가 가정 경제에 이토록 도움이 될 줄이야!

그 여름날의 경험을 이후에도 수없이 반복하면서 터득한 교훈이 있다면 삶의 군더더기를 없애는 방편으로 잡동사니를 처분하려고 할 때 팔려고 하지 말자는 것이었다. 시간 낭비였다. 전부 팔아야겠다는 생각을 하면 쓸데없는 부담감과 스트레스가 생긴다. 고가의 상품은 그만 한 보람이 있을지 모르겠다. 하지만 자질구레한 것들을 팔아서 떼돈을 벌겠다는 건 헛된 바람이다.

다행히 우리는 곧바로 대안을 찾았다.

잡동사니를 처분하는 완벽한 방법

○

귀한 시간 들여가며 실망스럽고 피곤하기만 한 벼룩시장을 끝낸 뒤에도 남은 잡동사니가 많았다. 아내는 임산부들에게 임부용품과 아이 옷을 지원하는 지역단체에 연락해 팔지 못한 육아용품을 기증해도 되느냐고 물었다.

그들은 열렬하게 환영했다. "그럼요, 그럼요. 저희한테 꼭 필요한 물건이에요."

그들의 반응을 보고 이번에는 내가 난민과 이민자들의 경제자립을 후원하는 단체에 연락했다. 그들은 입은 옷 말고는 가진 게 거의 없는 이민자들을 독립시키려고 하다 보니 수건, 침구, 주방용품이 늘 부족하다고 했다.

이후로 우리는 노숙자 쉼터를 비롯해 몇 군데 자선단체에 전화를 더 돌렸다.

우리가 지원할 수 있는 기본적인 생활용품도 없이 지내는 사람들이 이렇게나 많았다니 가슴이 아팠다. 누군가에게는 절실하게 필요한 물건인데 우리는 그걸 벽장이나 지하실에서 몇 년 동안 썩히고 있었다. 왜 그랬을까? 침구, 주방용품, 옷이 갑자기 부족해질까봐?

우리 집에서 쓰지 않는 물건들을 팔아 돈을 버느니 인근 자선단체에 기증하는 편이 훨씬 즐거웠다. 이 일을 계기로 작은 삶을 대하는 나의 시각이 달라졌고 작은 삶 운동에 착수한 사람들에게 하는 조언이 달라졌다.

쓰지 않는 물건들은 팔지 말고 기증하자. 그것으로 베푸는 연습을 하자. 기회는 무궁무진하다.

절실한 사람들을 돕는 자선단체들은 전 세계적으로 수도 없이 많다. 그 단체들은 먹을거리와 쉼터를 제공한다. 우물이 없는 마을에 깨끗한 식수를 공급한다. 폭행을 당하는 부녀자들을 보호한다. 고아를 사랑이 넘치는 가정과 연결시켜준다. 사회생활을 시작하려는 사람들에게 교육과 직업 훈련의 기회를 제공한다.

쓰지 않는 물건을 이런 단체에 기증하면 빠르고 쉽게 진정한 차이를 만들 수 있다. 세금 공제도 받을 수 있으니 이베이에 내놓거나 벼룩판매를 하는 것보다 수고는 줄이고 경제적인 이득은 챙길 수 있다. 벼룩시장에서 기대했던 것보다 훨씬 높은 매출을 올렸을 때보다 더 큰 보람을 느낄 수 있고 말이다.

소유의 규모를 줄이는 것은 힘든 일이다. 잡동사니를 팔려고 들면 시간과 노력이 필요하고 불안과 좌절이 가중된다. 하지만 기증하면 돈으로는 살 수 없는 기쁨과 보람을 느낄 수 있다.

당신의 가치관에 부합하는 자선단체를 찾아 당신에게 필요 없는 물건으로 절실한 사람들에게 도움을 주는 희열을 경험해보자.

앨리 이스트번Ali Eastburn은 어느 누구도 상상하지 못할 방식으로 그 희열을 경험했다.

결혼반지의
기적

○

40살의 주부이자 아이 엄마였던 앨리는 2007년에 교회에서 주말 피정(일상생활에서 잠시 벗어나 묵상과 침묵기도를 하는 종교적 수련)을 떠났다. 친구들과 끈끈한 우정을 다시금 확인하고 종교생활을 점검하기 위해서였다. 그런데 이 피정을 통해 그녀와 전 세계 수많은 사람들의 인생이 달라지게 될 줄 어느 누가 짐작이나 했을까.

함께 피정을 떠난 사람들이 한방에 모였을 때 누군가 물었다. "우리가 어떤 식으로 주변을 바꾸어놓을 수 있을까요?"

정적이 흘렀다.

한참 만에 앨리가 의견을 내놓았다. "각자 집에 있는 안 쓰는 물건을 팔아서 그 돈으로 어려운 사람들을 도우면 어떨까요?"

다들 아무 반응이 없었다. 그래도 앨리는 꿋꿋하게 다시 이야기를 꺼냈다.

"우리가 애지중지하는 걸 팔면 어떨까요? 차 또는 보트라든가 아니면⋯⋯." 앨리는 말을 하다 말고 멈추었다. 그녀와 수많은 사람들의 인생을 바꾸어놓을 불온한 생각이 머릿속에 떠올랐기 때문이었다. "내 결혼반지를 팔면 아프리카에서 한 마을 전체를 먹여 살릴 수 있을 거예요."

왜 이런 말이 나왔는지 모를 일이었지만 그녀에게는 반드시 필요한 일이라는 확신이 있었다.

그녀는 남편과 충분한 의논을 거친 끝에 몇 주 뒤에 자신의 결혼반지를 팔았고, 깨끗한 식수가 없어 많은 이들이 죽어가는 사하라 사막 이남의 아프리카 국가에 우물을 설치하는 사업에 그 돈을 기부했다.

그런데 그걸로 끝이 아니었다. 몇 주 뒤, 이번에는 앨리의 친구 한 명이 그녀의 손에 결혼반지를 쥐어주었다. "내 반지도 팔아도 돼." 놀랍게도 그게 다가 아니었다. 또 다른 친구가 반지를 내놓았다. 또 다른 친구도 반지를 내놓았다.

앨리는 여세를 몰아 가장 아끼는 보물을 당차게 요구하는 '위드 디스 링With This Ring'이라는 비영리단체를 설립했다. 지금까지 이 단체에 접수된 반지는 1,000개가 넘고 아프리카, 중앙아메리카, 인도의 수만 명에게 깨끗한 식수를 공급하고 있다.

앨리는 주는 데서 기쁨을, 베푸는 데서 보람을 느끼고 있다. 쌓아놓는 것보다 베푸는 편이 훨씬 낫다는 것을 보여주는 산증인이라고 하겠다.

당신은 아프리카 주민들을 위해 결혼반지를 내놓고 싶은 마음이 절대 생기지 않을지 모른다. 앨리도 누가 물어보면 평생 그렇게 통 큰 제안을 한 적이 없다고 고백할 것이다. 하지만 우리가 형편이 어려운 사람들을 보살펴야 하는 이유는 그들을 위해서이기도 하지만 우리 자신을 위해서이기도 하다. 그리고 가진 것을 내어주는 것이 주변의 취약계층을 가장 즉각적으로 도울 수 있는 방법이다.

그런데 작은 삶을 통해 베풂을 실천할 수 있는 방법은 이것뿐만이 아니다.

작은 삶의
배당금

○

삶의 군더더기를 줄이는 작업이 어느 정도 진행되면 가시적인 효과가 드러난다. 무분별한 소비를 중단했기 때문에 통장에 돈이 쌓이기 시작하는 것이다. 나는 이 돈이 '작은 삶의 배당금'이라고 생각한다.

이 배당금으로 여러 가지를 할 수 있다. 대출금을 갚을 수도 있고, 보다 안정적인 미래를 위해 저금이나 투자를 할 수도 있고, 정말로 필요한 게 생겼을 때 양보다 질을 따져서 구매할 수도 있다. 하지만 자선을 베푸는 것도 한 가지 방법이다.

미국인들은 해마다 수입의 몇 퍼센트를 기부할까?

정답은 2퍼센트에서 3퍼센트 사이다. 금액으로 환산하면 약 2,600억 달러(약 280조 원)에 해당한다. 단체와 기업의 기부금, 유증

(유언으로 인한 재산의 무상 증여)까지 합하면 약 3,600억 달러(약 387조 원)로 껑충 뛴다.

그 정도 액수가 필요한 사람들에게 쓰인다니 반가운 소식이다. 하지만 내 솔직한 의견을 밝히자면 그 정도 금액은 보잘 것 없고 심지어 당혹스러운 금액이다. 월급의 3퍼센트를 기부한다면 나머지 97퍼센트는 자기 자신을 위해서 쓴다는 것 아닌가. 미국인이야말로 지구상에서 가장 잘 사는 나라 국민인데 자기 자신에게 97퍼센트나 써야 할까? 전 세계는 물론이고 우리 주변에 어려운 사람들이 그렇게 많은데?

돈을 기부하려니 겁이 날 수도 있다. 특히 그런 경험이 없는 사람일수록 더 큰 두려움을 느낄 것이다. 베푼다는 것은 용기가 필요한 행동이기도 하다. 손을 벌려 힘들게 번 돈을 내놓는 데에는 왠지 어려운 구석이 있는 게 사실이다. 우리는 '만일의 경우'에 대비해서 잡동사니에 집착하듯 '만일의 경우'에 대비해서 돈을 최대한 많이 가지고 있어야 한다고 생각한다.

하지만 그 정도로 돈을 비축해두어야 할 필요는 거의 없다. 사실 작은 삶을 통해 지출을 줄이면 경제적인 위기가 들이닥칠 가능성도 줄어든다.

그러니까 여윳돈에 집착하지 말자. 거기로부터 자유로워지자. 필요한 사람들에게 쓰일 수 있도록 하자. 그랬을 때 기분이 얼마나

좋아지는지 실감하면 깜짝 놀랄 것이다

별로 필요도 없는 물건을 검색하고 사는 데 들인 노력을 이제는 내 돈을 가장 효율적으로 쓸 수 있는 방법을 연구하는 데 할애하자. 일상에서 베풂을 실천할 수 있는 방법은 무궁무진하다. 초보자를 위해 요령을 소개하자면 다음과 같다.

나눔
키우기

우리들 중에서 현재 자신이 베푸는 수준에 만족하는 사람은 거의 없다. 내가 아는 사람들은 대부분 좀 더 많이 베풀 수 있길 바란다.

그렇기 때문에 일상 속에서 좀 더 의식적으로 자선을 베풀 수 있는 간단한 방법을 여기서 소개하려고 한다. 지금까지 한 번도 기부를 해본 적이 없는 사람이라면 이 방법을 참고하면 도움이 될 것이다. 좀 더 많이 베풀고 싶은 사람도 마찬가지다.

1. 처음에는 작게, 정말 작게 시작한다 지금까지 한 번도 기부를 해본 적이 없는 사람이라면 1달러에서부터 시작하자. 부끄러워 할 필요 없다. 걱정할 필요도 없다. 요즘은 온라인에서 신용카드로 기부를 받는 단체가 워낙

많기 때문에 1달러라고 장부에 기록하는 사람과 대면할 일이 없다.

물론 연말에 1달러의 소득공제를 위해서가 아니라 첫 걸음을 떼기 위해서 이런 방법을 동원하는 것이다. 1달러가 아니라 5달러, 10달러, 20달러가 낫겠다 싶으면 그 금액에서 시작해도 된다. 금액은 상관없다. 관중석에서 벗어나 경기장으로 발을 내딛는 게 관건일 뿐. 그 한 걸음에서 점점 가속도를 붙일 수 있을 것이다.

2. **기부를 최우선 순위로 삼는다** 다음 달 월급을 받으면 맨 먼저 기부부터 한다. 우리는 종종 남는 돈으로 기부를 하려고 한다. 그런데 문제는 일단 쓰기 시작하면 남는 돈이 생기지 않을 뿐더러 앞으로 써야 하는 지출 항목이 계속 등장한다는 것이다. 있는 돈을 모두 탕진하는 습관이 너무 깊게 뿌리 박혀 있기 때문이다. 그 악순환을 끊으려면 기부를 최우선 순위로 삼아야 한다.

월급날에 맞춰 원하는 자선단체에 계좌이체를 신청하자. 그 돈을 나중에 아쉬워할 일은 없을 것이다. 액수를 늘이기가 얼마나 쉬운지 알고 나면 깜짝 놀랄지 모른다.

3. **한 항목의 지출을 전환한다** 일정기간 동안 한 항목의 지출을 원하는 자선단체에 기부한다. 예를 들면 점심을 밖에서 사먹는 대신 회사에 도시락을 싸가지고 가거나 1주일에 한 번은 자전거로 출퇴근하거나 월요일에는 테이크아웃 커피를 포기하는 식으로 말이다. 그런 식으로 절약하는 돈을 합산해서 자선단체에 기부한다.

기억에 남을 만큼 재미있고 특이한 항목을 선택하기 바란다. 일정기간으로 기한을 정하면 지키기도 쉬워진다.

4. **공감이 가는 사회운동을 찾는다** 당신의 지원을 필요로 하는 자선단체와 사회운동은 무궁무진하다. 그리고 그중에는 당신의 최고의 관심사와 일맥상통하는 곳이 있을 것이다. 당신의 최고 관심사는 무엇인가? 환경인가, 빈곤인가, 종교인가? 어쩌면 세계 평화, 기아 아동, 동물보호일 수도 있겠다. 교육, 시민권, 깨끗한 식수는 어떨까? 뭐가 됐든 당신의 마음을 움직인 관심사를 파악하고 그 분야에서 열심히 활동하는 단체를 찾아서 기쁜 마음으로 그들의 활동을 돕도록 하자.

5. **기부를 많이 하는 사람과 시간을 보낸다** 예전에 나는 오래 전부터 존경했던 분과 점심식사를 같이 할 기회가 생기자 작정하고 이것저것 물어보기로 했다. 맨 먼저 한 질문이 원래 그렇게 기부를 많이 했느냐는 것이었다. 그가 아니라고 하자 곧바로 질문 공세를 퍼부었다. "그럼 언제부터 기부를 그렇게 많이 하게 되셨나요?" "계기가 뭔가요?" "기부할 곳은 어떤 식으로 정하시나요?" "기부를 시작하고 싶은 사람에게 충고를 하신다면 뭐라고 하시겠어요?" 나도 그때 기부하는 습관의 기틀을 잡는 중이었기 때문에 그와 나눈 대화가 많은 도움이 됐다(점심값도 그가 냈다. 이럴 수가).

우연한 기회에 기부를 하는 경우는 거의 없다. 기부는 의식적인 실천이다. 하지만 많은 사람들이 오해하는 것처럼 그렇게 어려운 일은 아니다. 한 걸음씩이나마 시작하는 것이 가장 중요한 부분이다.

베푸는 마음속에서 성장할 수 있다는 것이 작은 삶의 큰 혜택이기도 하다.

시간을
투자하라

○

베푸는 것을 물건에 국한해서 생각할 필요는 없다. 돈에 국한해서 생각할 필요도 없다.

작은 삶을 살다보면 돈뿐 아니라 남는 시간도 생긴다. 목적의식을 가지고 작은 삶을 살다보면 뭘 사겠답시고 열심히 돈을 벌어서 그걸 장만하고 관리할 필요가 없다. 따라서 다른 일에 쓸 시간이 생긴다. 그 시간을 자원봉사에 할애하면 어떨까?

이것이 기부보다 더 겁이 나는 일이라는 걸 나도 안다. 좀 더 개인적이고 감정적이며, 사람들과 실제로 엮여야 하니 안 좋게 끝날 가능성이 항상 내재되어 있다. 하지만 내가 자원봉사에서 가장 좋아하는 부분을 꼽으라면 어떤 프로젝트를 수행하는 것이 아니라 도움이 필요한 사람을 상대한다는 점이다. 그리고 용기를 내서 내 시간과 에너지와 능력을 할애할 때마다 그러길 잘했다는 생각이 든다.

나는 베풂에도 단계가 있다고 생각한다. 물품을 기증하면 좋다. 돈을 기부하면 대개 그보다 더 좋다. 하지만 최고는 직접적으로 남을 위해 봉사하는 것이다.

당신에게는 내놓을 게 없다고? 그럴 리가 없다! 당신에게는 체력이 있다. 연민이 있다. 지금까지 살아오면서 터득한 지혜가 있다. 조직관리 요령, 창의력, 손재주 등 여러 가지 재능이 있다.

자원봉사를 고민할 때는 관심사와 더불어 재능도 감안해야 한다. 이 두 가지와 주변에서 도움을 필요로 하는 곳을 연결시켜야 한다. 급식 봉사를 할까? 유기견 보호소에서 반려견 산책을 시킬까? 유적지에서 해설사를 할까? 글을 가르칠까? 형편이 어려운 가족들을 위해 집을 지을까?

연대할 수 있는 기관들이 많다. 노숙자 쉼터, 무료 급식소, 도서관, 병원, 경로당, 환경단체, 국립공원, 미술관, 학교…….

자원봉사의 베테랑이 되면 한 단계 더 진출할 수 있을지 모른다. 적십자와 함께 재난구조 활동을 벌인다든지. 평화봉사단에 합류한다든지.

이쯤 되면 위협적으로 들릴지 모르겠지만 자원봉사가 꼭 그렇게 체계적이고 조직적이어야 하는 건 아니다. 사실은 다른 사람들을 사랑하는 마음과 그들의 고충을 알아봐주는 눈, 그들에게 할애할 시간만 있으면 된다. 노인이 사는 집 앞에 쌓인 눈을 치우는 것, 지친 엄마가 잠시나마 쉴 수 있도록 아이를 봐주는 것, 아픈 친구에게 음식을 만들어다주는 것. 이런 별 것 아닌 배려가 이 세상을 더욱 따뜻하고 살 만한 곳으로 만든다.

베풀 줄 아는 사람들은 한 사람의 노력으로 이 세상의 모든 폐단을 해결할 수는 없다고 인정한다. 하지만 그렇다고 해서 베풂을 중단하지는 않는다. 한 명의 삶이나마 개선할 수 있다면 그것으로 충분하기 때문이다.

안네 프랑크도 이렇게 얘기했다. "누구라도 기다릴 필요 없이 바로 오늘부터 세상을 조금씩 바꾸어나갈 수 있다니 이 얼마나 근사한 일인가!"

베푸는 삶의 행복

○

쓰지 않는 물품과 여분의 시간, 돈을 기부하면 분명 다른 사람들의 삶을 개선할 수 있다. 하지만 베풂은 우리 자신에게도 좋은 영향을 미친다.

베풀고 나면 뿌듯하고 보람이 느껴진다. 나만 그런 게 아니다. 베풀며 사는 수많은 사람들이 만족스럽고 행복하다고 한다. 심지어 베풀며 지내면 육체적으로 건강해진다는 연구결과도 있다!

게다가 베풀며 지내는 사람들은 인간관계도 풍요롭다. 인간이라면 누구나 자기밖에 모르는 욕심쟁이보다 너그럽고 가슴이 따뜻한 사람에게 끌리게 되어 있다.

베풀며 지내는 사람들은 자기가 가진 것을 소중하게 여기는 성향을 보이기도 한다. 쓰지 않는 물품을 기증하는 사람은 남은 물품을 더 소중하게 여긴다. 돈을 기부하는 사람은 남은 돈을 더 아껴 쓴다. 그리고 시간을 기부하는 사람은 남은 시간을 더욱 효율적으로 활용한다.

그들은 소유가 아닌 다른 데서 의미를 찾는다. 남들은 인간의 가치를 손익계산서처럼 따질 수 있기라도 한 듯이 재산으로 자존심을 높이려고 할 때 베풀며 지내는 사람들은 남을 돕는 데서 자신의 존재가치를 느낀다. 은행 잔고와 자신의 진가는 아무 관계가 없다는 걸 금세 알아차린다.

그렇기 때문에 그들은 더 많은 걸 바라지 않는다. 그들은 재물이 아닌 다른 데서 성취감과 삶의 의미와 존재가치를 찾는다. 이미 가지고 있는 것에 만족하고 남은 것은 내어줄 줄 안다.

하지만 베푸는 삶의 가장 큰 장점은 자신에게 이미 있는 것만으로도 충분하다는 사실을 깨닫는다는 것이다. 우리는 소유욕의 노예로 지내는 경우가 너무 많다. 아무리 많이 가졌어도 항상 더 많은 것과 더 많은 돈을 원한다. 더 많은 걸 확보하는 데 도움이 될 만한 직업을 선택한다. 하루의 대부분을 더 많은 걸 손에 넣으려고 아등바등하며 지낸다. '나보다 자격이 없는' 사람들이 더 많은 걸 가지고 있는 듯이 보이면 시기한다. 그러면서 이 정도면 충분한지 끊임없이 걱정한다.

하지만 끊임없는 소유욕은 우리 사회에 악영향을 미치고 있다. 조사결과에 따르면 미국인의 72퍼센트가 금전적인 스트레스를 받고 있다고 한다. 정당한 이유에서 경제적인 불안감을 느끼는 사람도 있지만 대부분은 그렇지가 않다. 1년 생활비가 13,000달러(약 1,400만 원) 이하인 인구가 전 세계적으로 60억에 달하는 마당에 우리가 느끼는 금전적인 스트레스는 대부분 인위적으로 조작된 욕구가 원흉이다.

베푸는 삶을 살면 사고방식이 달라지고 이런 욕구가 사라진다. 우리가 얼마나 많은 축복을 받았고, 얼마나 필요 이상으로 많은 걸 가지고 있으며, 얼마나 많은 것을 줄 수 있고, 얼마나 훌륭한 업적을 이룰 수 있는지 깨닫게 된다. 더불어 사는 사람들에게 필요한 부분들을 살필 수 있게 된다. 내 자신에게 쓰는 것보다 더 훌륭하게 돈을 쓸 수 있는 방법을 터득하게 된다.

좀 더 베푸는 삶을 살고 싶다는 생각이 든다면 그걸 발판삼아 작은 삶을 사는 것에 박차를 가하기 바란다. 삶의 군더더기를 줄인 덕분에 물질적, 정신적으로 여유가 생겼다면 기쁘게 베풀기 바란다. 그러면 당신의 가슴이 따뜻해질 것이다. 이 세상은 보다 살기 좋은 곳이 될 것이다.

입지 않는 옷, 쓰지 않는 스포츠용품, 읽을 일이 없는 책, 쓸데없이 자리만 차지하고 있는 가구를 오늘 당장 기증하자. 당신이 지지하는 자선단체를 금전적으로 후원하자. 학교나 노숙자 쉼터나 비영리 단체에서 자원봉사를 하자.

이것이 의미 있는 삶을 살 수 있는 가장 빠른 지름길이다.

12장 — 목적이 있는 삶

"명품 등을 갖고 있는 나를 상상해봤지만

이것들로 인해 보다 의미 있는 삶을 살 수는 없다는 결론을 내렸다."

___ **더스틴 모스코비츠**(페이스북 공동창업자)

요즘 내 모습은 2008년과는 전혀 다르다. 그리고 내가 변할 수 있도록 기폭제 역할을 한 것이 바로 '작은 삶'이었다. 소유를 줄이기로 결심한 덕분에 서랍과 옷장만 깨끗해진 게 아니라 내 삶에 그보다 더 많은 변화가 생겼다. 수많은 고정관념에 의문이 제기됐고 완전히 새로운 생활방식이 자리를 잡았다.

과거를 돌이켜보면 비교의 묘미가 있다.

예전의 나는 텔레비전을 보거나 몇 시간 동안 비디오 게임 하는 것을 좋아했다. 운동에 거부 반응이 있었고 탄산음료를 입에 달고 지냈으며 패스트푸드를 너무 많이 먹었다. 밤늦게까지 부스럭거리다 기회가 있을 때마다 늦잠을 잤다. 그러면서 내가 원하는 대로 살고 있다고 생각했다.

하지만 이제 와 생각해보면 그런 생활방식은 내 만족감에 아무 도움이 되지 않았다. 오히려 만족감에서 멀어지게 만들었다. 내 기준에서 보나 가장 가까운 사람들의 기준에서 보나 내 능력 안에서 가장 훌륭한 삶도 아니었다. 그저 정해진 방향 없이 떠도는 삶이었다.

반성하지 않는 삶이 위험한 이유가 그 때문이다. 우리는 알차게 살고 있다고 생각하지만 사실은 그렇지 못한 경우가 더 많다. 오히려 찰나의 즐거움을 위해 장기적인 목표를 포기하고 있지는 않은가.

건강에 좋지 않은 음식을 먹으면 우리 몸을 제대로 충전시킬 기회를 놓치게 된다.

텔레비전을 너무 많이 보거나 인터넷 서핑을 너무 오래 하면 현실 속의 사람들과 만날 기회를 놓치게 된다.

운동을 게을리 하면 체력이 좋은 사람들만 즐길 수 있는 재미있는 일을 놓치게 된다.

밤늦게까지 부스럭거리다 오전 내내 잠을 자면 하루 중에서 가장 생산적인 시간을 놓치게 된다.

필요 이상으로 많이 사면 빚의 노예가 된다.

자기 자신에게 너무 많은 돈을 쓰면 남들에게 베푸는 재미를 놓치게 된다.

이런 실수를 피하려면 목적이 있는 삶을 살아야 한다. 원대한 목적과 장기적인 목표를 염두에 두고 앞으로 나아갈 방향을 선택해야 한다. 인생의 목적에 도움이 되지 않는 활동이나 취미는 과감하게 접어야 한다. 정말로 중요한 일을 놔두고 다른 곳에 정신이 팔리게 만들 뿐이니 말이다.

내가 지금까지 주로 소유에 대해서 이야기한 이유는 소유가 우리를 좌우하는 힘이 워낙 크고, 우리의 물질적인 환경을 알맞은 크기로 줄이는 것 자체가 어마어마한 프로젝트이기 때문이다. 하지만 줄일수록 풍성해지는 원칙은 집안의 가재도구에만 적용되는 것이 아니다.

목적의식을 도입했을 때 좀 더 나아질 수 있는 세 가지 공통적인 분야가 바쁜 일상, 신체, 인간관계다.

바쁜 일상에
중독된 사람들

이 세상은 속도가 점점 빨라지고 있다. 과학기술과 통신은 점점 발달하고 정보는 더욱 빠르게 바뀐다. 회사와 소셜미디어에서는 언제고 접속되어 있는 사람들을 우대하는 듯하다.

기대치와 요구사항과 접근성은 계속 높아지는데 우리에게 주어진 시간은 전과 다름없다. 그 결과 점점 바빠질 뿐이다.

통계를 보면 알 수 있다. 영국에서는 75퍼센트의 부모가 너무 바빠 잠자기 전에 아이들에게 책을 읽어주지 못한다. 보육시설에 맡겨지거나 방과 후 수업을 듣는 아이들의 숫자가 점점 늘어나고 있다. 휴가를 갈 시간이 좀처럼 나지 않는다. 미국인들은 바쁜 스케줄과 일반적인 수준의 라이프스타일을 감당할 수 있을 만큼 돈을 벌어야 한다는 압박감 때문에 심각한 수준의 스트레스를 느끼고 있다.

속도가 빠른 삶은 장기적으로 아무 도움이 되지 못한다. 바쁜 삶은 앞뒤를 생각하지 않는 삶이기 때문이다. 우리는 종종걸음을 치느라 하루 일과가 얼마나 숨 막히게 돌아가는지 깨닫지 못할 때가 많다. 과부하가 걸린 일상이 얼마나 해로운지도 깨닫지 못한다.

바쁜 게 일상인 사람이 너무 많다. 과소비하고 과소유하듯 스케줄에도 과부하를 걸어놓았다.

물론 시간을 집중하고 전념해야 하는 시기가 있긴 하다. 중요한 일을 열심히 하는 건 당연히 권장할 만한 사항이다. 문제는 엉뚱한 일로 바쁘고 엉뚱한 착각으로 인해 정신없는 스케줄이 될 때가 많다는 것이다.

우리는 태어나는 순간부터 들어온 수많은 거짓말 때문에 가장 중요한 것들이 밀려나고 있다. 목적이 있는 차분한 생활을 누리지 못하고 쓸데없는 자질구레한 일들을 잇달아 처리하느라 허둥댄다. 그러느라 결국에는 아무것도 이루지 못한다.

엉뚱한 걸 쫓아다니느라 인생을 제대로 즐기지도 못할 만큼 바빠서야 되겠는가.

일상을 단순하게
정리하는 법

○

내 친구 마이크 번스^{Mike Burns}의 증언에 따르면 얼마든지 스케줄을 간단하게 정리하고 '바쁜 일상'에서 벗어날 수 있다고 한다.

15년 전에 나는 정신이 하나도 없었다.

직장에서는 제대로 자리를 잡느라 눈코 뜰 새 없이 일에 매달렸다. 아내, 6명의 아이들, 이웃, 친구, 가족, 직장동료들과 줄타기를 하듯 관계를 유지했다. 스케줄이 엉망진창이었다. 많은 일들이 진행되고 있는데 그걸 다 처리할 시간이 없었다.

내 의도는 좋았다. 마음가짐도 훌륭했다. 하지만 하루하루 사는 게 몰아치는 폭풍 같았다. 숨을 쉴 수가 없었다.

변화가 필요했다. 그리고 도움이 필요했다.

그래서 어떻게 하면 시간을 효율적으로 활용하고 가장 중요한 일에 집중할 수 있을지 가족들과 연구하기 시작했다. 그 연구를 지금 15년째 하고 있는데(아직도 현재진행형이다) 얼마나 엄청난 성과를 거두었는지 모른다.

모든 날이 계획에 딱 들어맞지는 않는다. 그건 불가능한 일이다. 하지만 지금 우리 가족은 원하는 삶을 살고 있다고, 가장 중요하게 생각하는 일에 초점을 맞추며 살아가고 있다고 자신 있게 단언할 수 있다.

당신도 15년 뒤에 이런 희소식을 전하고 싶다면 다음의 4단계를 거치면 된다.

1. **정해진 일과 속에 짬을 만든다** 아침에 하루를 시작하기 전에 잠깐 시간을 내서 조용히 앉아 있는다. 점심식사는 천천히 먹는다. 업무 틈틈이 휴식 시간을 갖는다. 혼자 보내거나 명상하는 데 시간을 투자한다. 바쁜 하루 속에 이런 식으로 짬짬이 여백을 마련한다.

2. **쓸데없이 신경을 분산시키는 요소를 줄인다** 요즘은 클릭 한 번이면 모든 호기심을 충족시키는 세상으로 이동할 수 있다. 하지만 모든 방면을 기웃거리면 한 방면의 대가가 될 수 없다. 스마트폰의 알림을 끄고, 이메일은 하루에 두 번만 확인하며, 인터넷 뉴스와 소셜 미디어에 접속하는 회수를 제한하는 등 의식적으로 신경을 분산시키는 요소를 제한하자.

3. **'노No'라는 단어 속에서 자유를 누린다** 로마의 철학자 세네카는 이렇게 말했다. "모두 동의하겠지만 일이 많아 정신이 없는 사람은 뭐 하나도 제대로 추구할 수 없다." '노'라는 단어 고유의 진가를 인식하자. 중요하지 않은 일에 '노'를 외치면 가장 중요한 일을 할 수 있는 기회가 생긴다.

4. **휴식의 가치를 인정하고 시간을 따로 할애한다** 우리가 바쁜 스케줄을 유

지하는 이유 중 하나가 휴식의 진가를 모르기 때문이다. 휴식은 우리의 몸과 마음에 유익한 효과가 있다. 1주일에 하루는 휴식과 가족에 할애하자. 일정표에 적어놓고 무슨 일이 있어도 사수하자.

줄일수록 풍성해지는 삶의 원칙을 스케줄에도 적용하면 지엽적인 것들을 제거할 수 있다. 그리고 '건강'에도 신경 쓸 수 있다.

외모에 대한
지나친 투자

우리는 외모에 집착하는 사회에서 살고 있다. 가끔 이런 집착을 비난할지 몰라도 외모에 대해 생각하고 이야기하고, 외모를 남들보다 훌륭하게 가꾸려고 노력하는 데 어마어마하게 많은 시간과 에너지를 할애한다. 우리가 정신없고 비용이 많이 들며 복잡한 삶을 사는 가장 큰 이유가 이것이다.

미국인들이 1년 동안 성형수술에 들이는 비용이 120억 달러(약 13조 원), 화장품에 들이는 비용이 560억 달러(약 60조 원)가 넘는다. 새로운 다이어트 열풍이 현기증 나는 속도로 등장했다가 사라진다. 잡지 표지는 식스 팩으로 장식되어 있다. 여성들이 평균 외모에 할애하는 시간을 합산하면 한 해에 340시간에 해당한다.

여성들만 외모를 가꾸는 데 많은 시간을 투자하는 건 아니다. 남성들 사이에서도 외모에 대한 관심이 유행으로 자리 잡자 남성용 화장품 업체에서 반색하고 있다. 영국에서 실시된 설문조사에 따르면 남성들이 몸단장하는 데 들이는 시간이 여성들보다 조금 더 많다고 한다.

그리고 또 옷은 어떤가. 미국에서는 한 가정 당 1년에 옷을 구입하는 데 평균 1,700달러를 쓴다. 물론 벗고 다닐 수는 없겠지만 남들 눈에 번듯해 보인다는 이유로 아니면 자신감이 생긴다는 이유로 너무 많이 사는 게 문제다. 요즘 여성들은 한 사람 당 평균 30벌의 옷을 가지고 있지만 1930년에는 9벌이었다. 그들은 옷을 사기 위해 30개의 매장을 방문하는 데 1년 평균 100시간을, 신발을 사러 15개의 매장을 방문하는 데 40시간을, 윈도쇼핑을 하는 데 꼬박 50시간을 쓴다. 가장 많이 사용하는 인터넷 쇼핑은 빼고 말이다. 그러는 한편으로 1년 평균 30킬로그램의 옷을 내다버린다.

액세서리, 머리, 매니큐어와 패디큐어, 피부 관리, 문신과 피어싱 등 매력지수를 높이기 위해 시간과 돈을 쏟아 붓는 다른 항목에 대해서는 언급하지 않겠다.

그런데 아이러니는 이 많은 노력이 반드시 바라던 결과로 이어지지는 않는다는 것이다. 어느 설문조사에 따르면 그렇게 많은 시간과 돈을 쓰는데도 불구하고 성인 여성의 77퍼센트가 여전히 자신의 외모에 불만이 있다고 하니 말이다. 여성이 평균적으로 40퍼센트 화장을 덜하면 남녀 모두의 눈에 더 매력적으로 보인다는 또 다른 연구결과도 있다.

장기적으로 이보다 더 중요한 문제가 있다면 사회문화적으로 이렇게 몸에 집착하는데도 불구하고 우리의 건강상태에는 적신호가 켜져 있다는 것이다. 거의 69퍼센트의 미국인이 과체중이거나 비만이다. 유산소 운동과 무산소 운동을 권장시간만큼 실행하는 성인이 5명 중 1명에 불과하다. 우리는 해마다 1,100억 달러(약 118조 원)를 패스트푸드에 쓰고 매주 평균 34시간 동안 텔레비전을 본다. 그러니까 문제는 뭔가 하면 우리의 관심이 건강보다 외모에 더 집중되어 있다는 것이다.

당신은 외모에 얼마나 많은 시간과 돈을 쓰고 있을까? 아마 필요 이상으로 많이 쓰고 있을 것이다. 옷장에는 옷들이 넘쳐나고 욕실 수납장은 미용용품으로 가득하고 매일 아침마다 준비를 하려면 정신이 없는데 체력은 떨어지는 기분이라면 좀 더 목적이 있는 삶을 통해 그 부분을 개선할 수 있을지 모른다.

몸은
의지의 도구다

○

어떻게 하면 지나치게 집착하지 않고 몸을 제대로 관리할 수 있을까? 게리 토머스Gary Thomas는 《내 몸 사용안내서Every Body Matters》에서 얘기한다. "자존심과 공명심 때문에 몸을 키우는 사람들을 보며 우리 몸을 장식품 취급할 게 아니라 주어진 소명을 담는 그릇이자 기구처럼 다루어야 한다."고.

중요한 건 외모가 아니다. 몸은 우리가 이 세상에 태어난 목적을 이루게 하는 기구다. 삶의 목표가 좋은 부모이건 정신적인 멘토이건 여행가이건 성공한 사업가이건 상태가 어떤가에 따라서 몸이 자산이 될 수도 있고 걸림돌이 될 수도 있다.

그러므로 사고방식의 일대 변화가 필요하다. 우리가 몸을 관리해야 하는 이유는 허영심을 위해서도, 정신적인 공허감을 달래기 위해서도 아니다. 살아가면서 가장 하고 싶은 일을 가장 효과적으로 이루기 위해서다. 그런 식으로 사고방식을 바꾸면 건강한 선택을 할 수 있다.

• **영양분을 제대로 섭취한다** 나는 채식주의자도 아니고 식단을 엄격하게 제한하지도 않지만 건강에 좋은 음식을 챙겨먹으면 확실히 효율적이고 능률적으로 생활할 수 있다. 내 경험상 섭취하는 음식의 절반을 과일과 채

소로 채울 때 가장 좋았다. 우리 집 식단의 목표는 육류 섭취량을 조금씩 줄이는 것이다.

- **물을 열심히 마신다** 우리 몸의 모든 기관은 수분을 필요로 한다. 메이오 클리닉에 따르면 성별, 체구, 활동 수준에 따라 하루에 최소 2리터에서 4리터의 물을 마셔야 된다고 한다. 날마다 물을 8잔씩 마시는 것에서부터 시작하면 어떨까?

- **꾸준히 운동을 한다** 미국 질병통제예방센터에서는 1주일에 2일 이상 150분의 유산소 운동과 근력 운동을 추천한다. 지금부터라도 이 조건에 맞춰서 운동을 시작해보자.

- **건강에 안 좋은 습관을 전략적으로 제거한다** 나까지 나서서 누구나 아는 사실을 반복할 필요는 없을 것이다. 과식하지 않기. 정크푸드 줄이기. 술 줄이기. 외식 줄이기. 담배 끊기. 식료품을 살 때는 성분표 확인하기.

내가 위에서 나열한 사항의 내용 자체는 특이할 게 없다. 특이한 게 있다면 동기다. 내가 이런 원칙을 세운 이유는 시기심이나 질투심 때문이거나 내 외모로 남들에게 강한 인상을 심어주고 싶어서가 아니다. 내 인생의 목적을 보다 효과적으로 이루기 위해서다. 이런 사고방식의 전환이 엄청난 차이를 낳는다.

당신의 삶에서 개선할 수 있는 항목을 선택하고 그곳을 출발점으로 삼자. 거기서 성과를 맛본 다음 다른 항목으로 이동하자.

생일선물로 받은
헬스클럽 카드

○

작은 삶을 알게 된 지 6개월이 지났을 때 내 생일이 다가왔다. 아내가 생일선물로 뭘 받고 싶으냐고 물었지만 뭐라고 대답하면 좋을지 막막했다. 몇 개월에 걸쳐 잡동사니를 치운 마당에 뭐 하나라도 더 추가하고 싶지 않았다. 12개나 기증한 넥타이를 사달랄 수도 없고, 3개나 처분한 시계를 사달랄 수도 없고.

어느 쌀쌀한 저녁, 일을 마치고 집으로 퇴근하는 길에 좋은 생각이 떠올랐다. 우리 집 근처의 번화가를 지날 때 처음 보는 밝은 보라색 배너가 눈에 띄었다. "플래닛 피트니스. 오픈 임박! 지금 등록하시면 1개월에 10달러."

생일선물로 뭘 받고 싶은지 정확하게 알 수 있었다. 헬스클럽 회원카드. 그걸 선물로 받으면 우리 집에 잡동사니가 추가될 일이 없었고 나에게는 난생 처음으로 몸을 만들고 건강에 신경을 쓸 시간과 동기와 여력이 있었다.

나는 생일 바로 다음 날에 플래닛 피트니스를 찾아갔다. 그 뒤로 꾸준히 운동을 하며 이 새로운 습관의 혜택을 듬뿍 누리고 있다.

내 경우에는 작은 삶 덕분에 하루 일과가 단순해졌듯이 몸을 대하는 태도도 달라졌다. 소유를 줄이자 다른 모든 분야에 목적의식이 생긴 것이다.

이제 단순한 삶을 살려고 할 때 목적의식을 가져야 하는 세 번째 중요한 분야, 바로 '인간관계'가 남았다. 줄이고 없애는 과정이 심지어 여기에도 적용이 될까?

인간관계도 정리정돈을

○

작은 삶을 추구하는 사람들은 대다수가 비슷한 충고를 할 것이다. 삶에 도움이 되지 않는 사람은 모두 내치라고 말이다. 벽장과 선반에서 잡동사니를 치우듯 인간관계도 정리하라는 뜻에서 하는 얘기다.

그들의 의도는 이해하지만 내 생각은 다르다. 물질적인 부분에 적용하는 잣대를 인간관계에도 기계적으로 적용하는 건 옳지 않다고 본다. 사람이 어떻게 가재도구와 같을 수 있겠는가. 뒤에서 좀 더 자세하게 얘기하겠지만 인간관계는 거래가 아니다.

하지만 관계를 정리할 수밖에 없는 때도 생기는 법이다. 어떤 관계로 인해 육체적으로 또는 정신적으로 괴로울 때, 양쪽 모두 그 관계에서 얻는 혜택이 없을 때, 여기에 쏟아 붓는 시간으로 인해 좀 더 중요한 일을 하지 못할 때. 그럴 때는 효율적으로, 죄책감 없이 정리해야 한다.

무 자르듯 싹둑 자르는 게 최선일 때도 있다. 폭력적이고 상호의 존적인 관계 같은 것 말이다. 이런 관계는 근본적으로 달라지지 않는 한 상대방의 마음이 다치지 않게, 하지만 단호하게 절연해야 한다.

그냥 선만 그으면 되는 경우도 있다. 예를 들면 형식적인 관계의 사람과는 1주일에 한 번씩만 통화를 하겠다든지, 헤어진 애인을 자꾸 험담하는 친구가 있으면 그 습관을 버리기 전까지 만나지 않겠다고 하는 식으로 말이다.

해가 되는 사람을 아예 정리하거나 만나는 횟수를 줄이면 쓸데없이 신경 쓸 일은 줄고 마음의 평화는 늘어난다. 시간과 에너지와 감정적인 여유가 생겨서 중요한 사람들에게 집중할 수 있다.

하지만 아무리 필요한 경우일지라도 남을 저버리는 건 더 나은 삶을 위한 길이 아니다. 더 나은 삶은 자격이 없는 사람들마저 사랑할 수 있는 여유와 연민을 키우는 데서 비롯된다. 자신에게 득이 되는 관계에만 투자하는 것은 사랑이 아니라 이기심이다.

일방적인 우정도
소중히

내게는 친구가 한 명 있다. 이름은 존이라고 하자. '친구'가 그를 지칭하기에 적절한 단어인지 모르겠지만 아무튼 나는 그렇게 부르겠다.

존은 내 전화를 받지 않을 때가 많다. 음성사서함을 남겨도 연락하지 않는다. 문자를 남겨도 거의 마찬가지다.

하지만 몇 달에 한 번씩 존이 먼저 연락을 할 때가 있다. 늘 그렇듯 대개 저녁 때 뜬금없이 연락한다. 그러고는 한참 동안 연락을 못해서 미안하다고, 이제 형편이 좀 괜찮아졌다고, 만나서 차를 마시거나 점심을 먹자고 한다. 나는 좋다고 대답한다.

존은 지금까지 쉽지 않은 인생을 살았다. 어릴 적 버림을 받았고 약물과 알코올에 취해 노숙자 쉼터를 전전했다. 그는 경솔했던 과거를 아무렇지 않게 고백한다. 그의 결점도 그가 자란 집안 환경처럼 지나온 발자국의 일부분이기 때문이다.

만날 때마다 그는 면도도 하지 않은 꾀죄죄한 얼굴이지만 희망 어린 표정을 짓고 나온다. 다시 정상적인 생활을 하고 싶다며 요즘 들어 어떤 회복 모임에 참석하고 있는지 설명한다. 나는 그에게 응원하는 사람이 많다고, 나도 어떻게든 돕고 싶다고 얘기한다. "다음 주에 다시 만나든지 해요." 헤어질 때 나는 대개 이렇게 얘기하지만 그의 소식을 들으려면 다시 몇 달 동안 기다려야 한다.

솔직히 내가 존과의 관계에서 얻는 건 별로 없다. 그는 나에게 아무 충고도 하지 않는다. 직업도 없고 배울 만한 기술이 있는 것도 아니다. 잘 나가는 친구들을 두고 있어서 내 출세에 도움이 되는 것도 아니다. 나를 인간적으로 좋아하는 것 같긴 하지만 그걸 특이한 방식으로 표현한다.

그가 나에게 주는 게 있다면 사랑을 베풀 수 있는 기회다. 대가를 바라지 않는 순수하고 이타적인 사랑, 인내와 관용, 헌신과 희생이 필요한 진정한 사랑을 베풀 수 있는 기회 말이다. 우리의 관계를 통해서 나는 그에게 어디에서 방황하든 내가 진득하게 기다리고 있다는 것을 지속적으로 알릴 수 있다.

나에게는 몇 년에 걸쳐 작정하고 살금살금 거리를 넓힌 사람들도 있다. 하지만 존처럼 손익을 따지는 것이 의미 없는 관계인데도 불구하고 곁에 두고 싶은 사람들도 있다.

나의 목표는 도움이 되지 않는 사람을 모조리 정리하는 게 아니다. 모든 관계에서 좀 더 목적의식을 발휘하는 것이다. 나를 이끌고 다독이고 사랑해주는 사람들을 만나고 싶지만 내 쪽에서 아끼고 사랑하고 인생을 투자할 사람들도 있었으면 좋겠다. 조화로운 삶을 위해서는 양쪽 모두가 필요하니 말이다.

완전하게
작은 삶

○

작은 삶이 당신의 일부가 되면 물질적인 소유 이외의 분야에서도 그 원칙을 적용하며 살아갈 수 있다. 많은 분야에서 목적의식을 갖춘 선택을 할 수 있다.

바쁜 일상에 있어서는 분주함을 정상적인 수준으로 낮추고 진짜 중요한 일에 집중하는 것이 관건이다.

신체 관리에 있어서는 겉보기에 매력적인 외모를 가꾸는 데 열을 낼 게 아니라 삶의 목적 달성을 위해 몸을 탄탄하게 유지하겠다고 생각해야 한다.

인간관계에 있어서는 필요한 경우라면 해가 되고 보람이 없는 관계를 정리해야겠지만 눈에 보이는 혜택이 없더라도 중요한 사람들은 곁에 두도록 하자.

모든 면에서 건강하고 현명한 습관을 유지하는 사람들이 삶의 가장 큰 기쁨을 누릴 수 있는 이유는 그 덕분에 상상하지도 못할 만큼 많은 것을 이룰 수 있기 때문이다. 그리고 많은 것을 이루는 것이 작은 삶의 목적이기도 하다. 도입부에서부터 얘기했다시피 작은 삶을 살면 자유롭게 큰 꿈을 쫓을 수 있다. 단순한 삶의 목표를 이룰 수 있다.

13장 ─ 행복이 말을 걸어오다

"가진 것의 1%보다 더 쓴다고 나와 가족이 더 행복해지진 않는다.

하지만 나머지 99%는 다른 사람들의 행복에 영향을 미칠 것이다."

___**워렌 버핏**(버크셔 해서웨이 회장)

이 책을 쓰기 시작하면서 정한 목표가 하나 있었다. 많은 사람들에게 소유를 줄이는 생활방식을 추천하되 본연의 목적은 잊어버리지 않게 하자는 것이었다. 우리가 '작은 삶'을 살아야 하는 이유는 거기서 얻은 자유를 통해 가장 중요한 인생의 목표를 추구하기 위해서다.

내가 성공했는지 모르겠다. 당신은 이 책을 읽는 동안 이루고 싶은 큰 꿈들에 대해 생각해보았는가? 거기서 한 걸음 더 나아가, 소유를 줄이는 데서 오는 자유로움과 그 꿈들을 좇으며 사는 데서 오는 성취감을 이미 경험하기 시작했는가?

나는 당신의 집이 이전에 비해 더 깨끗하고, 평화롭고, 아늑해졌으면 좋겠다. 필요도 없는 잡동사니를 밟고 비틀거리거나 난장판 속에서 사라진 물건을 찾느라 시간을 낭비하거나 스트레스만 가중될 집으로 가는 길이 끔찍하게 느껴지는 일이 없었으면 좋겠다. 하루 일과와 자기관리와 인간관계 때문에 진을 빼기보다 거기에서 활력을 얻을 수 있었으면 좋겠다. 이 책의 앞부분을 계속 참고해가며 당신에게 가장 알맞은 '작은 삶'을 건설하고 유지했으면 좋겠다.

하지만 삶의 군더더기를 줄여놓고 거기에 따른 시간적, 금전적, 정신적 혜택을 누리지 않는다면 일을 하는 동안 꼬박꼬박 연금을 부어놓고 은퇴 후에 쓰지 않는 거나 다름없다.

나는 앞장에서 목적의식에 대해 이야기했다. 인생의 가장 중요한 목적은 가장 열렬한 관심사와 가장 소중한 꿈을 추구하는 것 아닐까. 이제 작은 삶으로 여유가 생겼으니 그걸 실천에 옮길 때가 됐다.

그러니까 이제 덤벼들어보자. 당장 비행기 표를 예매하자. 미술 수업을 등록하자. 자원봉사단체에 연락하자. 트라이애슬론 훈련에 돌입하자. 옷가게를 열자. 조종수업을 듣자. 손자들 옆으로 이사 가자. 노래를 불러서 녹음하자. 등산을 하자. 프랑스 요리를 배우자. 소설을 쓰자. 학위를 마치자. 위탁 아동을 키우자. 승마 대회에 나가보자. 예전부터 하고 싶었는데 여력이 안 돼 못 했던 일들을 해보자.

작은 삶을 사는 애넷 가틀랜드Annette Gartland는 지금 이 순간에도 어디에선가 전 세계를 여행하며 살고 싶다는 꿈을 이루고 있다.

작은 삶을 사는 데이브 밸스롭Dave Balthrop은 지금 이 순간에도 어디에선가 좋아하던 글을 쓰고 있다.

나는 지금 이 순간에도 어디에선가 사람들에게 작은 삶의 매력을 전파하고 있다.

당신도 세상 밖으로 나가서 저지르면 가장 멋진 인생을 살 수 있다. 그냥 꿈만 꿀 게 아니라 그 꿈을 현실로 옮겨보자!

최고의 삶을
선택할 자유

○

인생은 선택의 연속이지만 선택에도 경중이 있다. 어떤 선택은 좀 더 중요하고 어떤 선택은 그 반대다. 그 차이를 알아차리는 사람이 더 알찬 인생을 살 수 있다. 세상에는 다른 모든 걸 희생해도 될 만한 일이 있는 법이다.

작은 삶의 기본 원칙이 이것이다. 이 세상에는 이것저것 사고 쟁이는 것보다 더 값진 일들이 있다. 그걸 알고 나면 신경을 분산시키는 요소들을 모두 제거하는 것이 희생처럼 느껴지지 않는다. 지금 할 수 있는 가장 현명한 일처럼 느껴진다.

내 작은 삶이 시작된 곳이 정확히 그 지점이었다. 잡동사니 때문에 다섯 살 난 아이와 놀지 못하고 있다는 사실을 깨달은 순간, 그것들을 정리하기가 쉬워졌다.

선택에도 경중이 있다는 원칙은 작은 삶으로 생긴 자유를 어떤 식으로 활용할지 선택할 때도 적용된다. 뭐든 할 수 있지만 원하는 걸 전부 할 수는 없다. 작은 삶 덕분에 생긴 '배당금'을 여기저기 투자할 수는 있지만 모든 곳에 투자할 수는 없다. 그럼 어떻게 해야 최선의 선택이 될까?

나는 지금까지 줄곧 삶의 목적은 당신이 선택하고 정의하기 나름이라고 강조했다. 그건 맞는 말이다. 당신에게는 선택의 자유가 있다. 나는 이래라 저래라 할 입장이 못 된다.

그래도 이것 하나만큼은 강조하고 싶다. 당신의 인생이 물욕을 추구하며 낭비하기에는 너무 아깝기도 하지만 새롭게 얻은 자유를 이기적인 용도로만 쓰는 것도 너무 아깝다고 말이다. 당신에게만 득이 되는 일이 아니라 남들에게도 좋은 일을 하면 어떨까.

삶의 군더더기를 줄인 뒤에 바닷가 오두막집으로 거처를 옮겨서 날마다 낚시를 할 수도 있다. 날이면 날마다 골프장으로 출근할 수도 있다. 그러고 싶다면 그래도 된다. 하지만 그보다 더 훌륭한 길을 선택할 수도 있다. 누군가의 인생을 좀 더 나은 방향으로 인도할 수도 있다.

지금까지 일을 하면서 얻은 경험을 살려서 새내기 사업가들을 상대로 무료 상담 서비스를 제공하면 어떨까?

당신이 사는 지역의 노숙자를 필요한 공공서비스와 연결해주는 프로그램을 시작하면 어떨까?

모교에 소액이라도 장학금을 내면 어떨까?

의사와 치과의사들을 모아 의료시설이 부족한 지역으로 자원봉사를 떠나면 어떨까?

요양원을 끔찍하게 싫어하는 어머니를 집으로 모셔오면 어떨까?

생각해보면 남을 위하는 것은 작은 삶의 당연한 수순이다. 작은 삶 자체가 다른 사람들에게 필요한 자원을 덜 쓰겠다는 이타적인 선택이지 않은가. 따라서 작은 삶으로 생긴 배당금을 남들에게 투자하는 것이 논리적으로도 동일선상에 있다.

그리고 꼭 둘 중에 하나만 선택해야 하는 것도 아니다. 얼마든지 가끔 낚시를 하고 무료 상담 서비스를 제공할 수 있다. 얼마든지 가끔 골프를 치고 자원봉사를 떠날 수 있다.

하지만 남을 도울 수 있는 기회를 깡그리 외면하지는 말았으면 좋겠다. 자기중심적인 일과 타인중심적인 일, 둘 중에서 하나를 선택해야 하는 상황이 찾아오면 후자를 선택했으면 좋겠다. 그것이 본질적으로 훨씬 가치 있는 선택이다.

남을 돕겠다는 꿈이 가장 큰 꿈인 데에는 여러 가지 이유가 있다. 봉사를 하면 그 영향이 우리에게만 미치는 게 아니라 수많은 다른 사람들에게까지 미친다. 우리를 보고 본받는 사람들이 생긴다면 어려운 사람들을 돕는 것이 확산 효과를 낳는다. 인생이라는 경주를 혼자 뛰도록 내버려두지 않고 사람들이 한데 뭉친다. 외로움과 두려움, 시기와 분노가 줄어든다. 어둡고 슬픈 세상에 빛과 환희를 선물한다.

그리고 이타적인 꿈이 가장 큰 꿈인 또 다른 이유가 있다. 장기적으로 보았을 때 자기중심적인 즐거움은 남을 돕는 데서 느끼는 즐거움만큼 뿌듯하지 않기 때문이다.

역설 너머의
역설

이 책에서는 가진 것을 줄여야 삶에서 더 많은 것을 얻을 수 있다고 했다. 물질적인 측면을 줄일수록 삶이 열정과 목적의식으로 가득하고 좀 더 충만해진다고 했다. 가진 것을 줄여서 더 풍요로운 삶을 만끽하자는 것. 그것이 이 책에서 이야기하는 역설이다.

하지만 작은 삶 덕분에 생긴 돈과 시간과 자유를 어떻게 쓸지 고민하다보면 또 다른 역설이 등장한다. 이걸 자신을 위해 쓰면 조금 행복해질지 몰라도 남을 위해 쓰면 훨씬 더 행복하고 뿌듯해지니 말이다. 거꾸로 얘기한 것처럼 보일 테지만 진짜다.

이런 사고방식을 비현실적이고 얼토당토않으며 구시대적이라고 생각하는 사람들도 있다. 그들은 서로 먹고 먹히는 세상에서 가장 좋은 건 자신의 몫이어야 한다고 믿는다. 하지만 그건 근시안적인 사고방식이다.

수차례 입증됐다시피 봉사하는 사람들이 그렇지 않은 사람들에 비해 자존감이 높고 변화에 적응을 잘하며 더 행복하다. 더 건강하고 심지어 수명까지 더 길다. 이타주의 덕분에 이들의 유대감이 높아지면 모두에게 그 혜택이 돌아간다. 시민의 참여가 활발한 공동체일수록 더 안정적이고 살기가 좋다. 연구결과에서도 자원봉사활동을 하는 청소년들의 성적과 자아존중감이 더 높고 공부를 대하는 자세도 더 훌륭한 것으로 나타났다. 그런가 하면 약물중독과 중퇴율과 청소년 임신율은 현격하게 떨어졌다. 행복감을 높이는 데 가장 큰 영향을 미치는 요소 중 하나가 봉사활동이다.

개인의 이익을 전적으로 반대하는 건 아니다. 내가 좋아하는 일이나 나에게 필요하다고 생각되는 일을 하면서 행복을 추구하는 것이 꼭 나쁜 건 아니다. 우리의 영혼을 채우고 취미생활을 즐기고 자기 자신을 적절하게 챙기는 것도 중요한 일이다.

하지만 자신에게만 이득이 되는 일에서 행복을 찾으려고 하면 가장 진실하고 순수한 형태의 행복은 맛볼 수가 없다. 따라서 엉뚱하게 들릴지 몰라도 나를 챙기려 하지 말고 남을 챙기는 것이 행복과 성취감을 오래도록 만끽하는 가장 효과적인 방법이다.

봉사하기로 마음을 먹으면 인생이 거꾸로 뒤집힌다. 내 몫을 찾으려 하지 말고 남을 도우면 더욱 자유로워진다. 스트레스와 불안과 좌절은 줄어든다. 성취감과 충족감과 생동감은 늘어난다. 남을 위해 살기 시작하면 서열에 대한 필요성이 사라진다. 권력을 쥐고 우위를 장악하는 데 집착하지 않기 때문에 어깨에 짊어지고 있었던 짐이 상당히 가벼워진다.

내가 지금까지 한 얘기들이 당신에게는 전혀 새롭지 않게 느껴질 수도 있다. 당신은 이미 봉사로 충만한 미래를 꿈꾸고 있을지 모르겠다. 그렇다면 큰 꿈을 꾸었으면 좋겠다. 그리고 거기서 엄청난 만족을 느꼈으면 좋겠다.

벵골의 시인 라빈드라나트 타고르Rabindranath Tagore는 이렇게 말했다. "잠결에 꿈꾼 삶은 기쁨이었다. 눈을 뜨고 보니 삶은 섬김이었다. 실천하니 보라, 섬김이 기쁨이었다." 나는 어떤 식으로 삶은 섬김이고 섬김은 기쁨이라는 걸 깨달았는가 하면 다음과 같았다.

작은 삶의
결과물

이 원고의 계약금을 받았을 때 아내와 나는 중대 결단을 내렸다. 우리는 작은 삶을 살고 있었기 때문에 계약금으로 부담스러운 대출금을 갚거나 차량 할부금을 청산하거나 신용카드 빚을 해결하거나 거실 가구를 바꿀 필요가 없었다. 사업 자금이나 은퇴 자금이나 아이들 학자금으로 통장에 넣어둘 필요도 없었다. 작은 삶 덕분에 다른 선택지가 생겼다.

1장에서 잠깐 언급했던 것처럼 아내와 나는 '호프 이펙트The Hope Effect'라는 단체를 설립했다. 이 비영리단체의 설립 목적은 전 세계 고아들에게 가정환경과 비슷한 보육 시스템을 제공하는 것이다.

수요는 파악할 수 없을 정도로 어마어마하다. 양친을 모두 잃은 아이들의 숫자는 전 세계적으로 2,600만 명으로 추산된다. 보육원은 많은 아이들이 생활하기 때문에 고아들은 대부분 사랑이 부족한 환경 속에서 제대로 교감을 나누지 못한다. 나이가 너무 많아 고아원을 졸업한 아이들은 모든 면에서 발달이 뒤처지기 때문에 범죄와 매춘에 노출되고 노숙의 나락으로 떨어지기 쉽다.

우리는 호프 이펙트를 통해 고아들에게 2인의 부모가 있는 진짜 가족 같은 집에서 무럭무럭 잘 자랄 수 있는 기회를 제공한다. 실질적인 문제의 실질적인 해결책을 제공한다.

우리의 새로운 시도가 어떤 결과로 이어질까? 아직은 잘 모르겠다. 시간이 지나면 분명 시스템이 성장하고 달라지긴 할 것이다. 우리가 실수를 저지르기도 할 것이다. 하지만 결과적으로는 가장 취약한 환경에 놓인 수많은 아이들에게 더 나은 삶을 제공할 수 있을 거라고 확신한다.

여기서 정말로 놀라운 부분은 내 블로그 〈작은 삶을 사는 법 Becoming Minimalist〉을 꾸준히 정독하는 커뮤니티 독자들이 쾌척한 기금이 상당한 액수에 달한다는 사실이다. 평범한 그들이 소유를 줄임으로써 더 잘살 수 있다는 결론을 내렸고, 과소비와 과소유의 사슬을 끊었기 때문에 남는 자원을 좋은 일에 쓸 수 있게 되었다. 이번 경우에는 도움이 절실한 아이들에게 실질적인 가정을 제공하는 데 쓰였으니 얼마나 큰 보람을 느낄 수 있을까?

아내와 나도 너무나 평범한 사람이다. 우리는 지금까지 이런 프로젝트를 벌여본 적이 없었다. 그저 작은 삶을 통해 소유를 줄이고 싶었을 뿐이었다. 하지만 첫 걸음을 뗀 순간 관점이 달라졌다. 우리가 할 수 있다면 아무라도 할 수 있다. 두말하면 잔소리지만 꼭 비영리단체를 설립할 필요는 없다. 그보다 비형식적이고 비조직적인 방향을 선택해도 된다.

내 주변에는 작은 삶을 선택한 결과 공정무역사업을 시작하고, 환경보호운동에 동참하고, 자선단체에 기부하고, 자원봉사활동에 참여하고, 라오스에 학교를 짓는 사업을 돕게 된 사람들이 있다. 당신은 어떤 일을 하고 싶은가?

알맞은 타이밍을 기다릴 필요는 없다. 당신에게는 이미 능력과 기회가 있다. 지금 그 자리에서 오늘 당장 시작하면 된다.

긍정적인 ○
영향력

내가 이 장에서 한 얘기가 당신에게 공감을 불러일으켰을 것이다. 지금까지 남들에게 좀 더 도움을 줄 수 있는 방법을 고민해본 적 없는 사람이라도 지금쯤은 흥분이 되기 시작했을 것이다.

인간이라면 누구나 의미 있는 삶을 살고 싶어 한다. 주변에 영향을 미치는 삶을 살고 싶어 한다. 우리는 모두 대의를 위해 살고 싶은 본능을 갖고 태어났다.

당신도 주위를 둘러보면 알 수 있을 것이다. 이 세상은 영향력에 대한 관심이 지대하다. 그걸 위해 대가를 지불하고 투쟁하며 어떻게 하면 더 많은 영향력을 행사할 수 있는지 연구한다. 측정하고 순위를 매기며 엉뚱한 착각을 한다. 하지만 그걸 두고 끊임없이 경쟁을 벌이느라 한 가지 중요한 사실을 잊고 있다. 우리는 이미 영향력을 가지고 있다는 사실을 말이다.

우리는 이미 서로에게 영향을 미치고 있다. 집에서건, 직장에서건, 온라인에서건, 오프라인에서건 서로의 삶이 교차할 때마다 영향을 주고받는다. 하는 말, 표정, 행동, 선택으로 날마다 서로 영향을 미친다. 어울리는 사람이 5명이 됐건 50명이 됐건 500명이 됐건 우리의 삶은 파급효과를 낳는다.

가치중립적인 교류는 없다. 모든 상호작용이 긍정적이거나 부정적이거나 둘 중 하나다. 우리는 타인의 삶에 플러스가 될 수도 있고 마이너스가 될 수도 있다. 변화의 중요한 원동력이 될 수도 있고 현재 상태를 더욱 공고하게 만드는 역할을 할 수도 있다. 세상을 더 나은 곳으로 만들 수도 있고 참고 견뎌야 하는 더 형편없는 곳으로 만들 수도 있다.

당신에게는 베풀 수 있는 장점이 있음을 기억하자. 목적의식을 가지고 당신에게 주어진 영향력을 발휘하자.

작은 삶을 사는 사람들은 남들에게 좋은 영향력을 발휘하는 데 필요한 재료를 모두 가지고 있음을 기억해야 한다. 성장을 축하하고, 장점을 부추기고, 긍정적인 변화를 추구하자.

줄일수록
풍성해지는 삶

'작은 삶' 덕분에 바라던 대로 여유롭게 살 수 있게 됐다면 그 생활을 즐기기 바란다.

당신의 버킷리스트에 있는 항목을 몇 개 지울 수 있게 됐다면 잘된 일이다.

소유보다 경험에 더 마음이 끌리게 되었다면 다행이다. 나도 그렇다.

덤벼들어보자. 맘대로 꿈을 이루어보자. 소유에의 집착을 버리면 당신이 어떤 삶을 꿈꾸었는지 깨달을 자유와 기회가 생긴다.

하지만 작은 삶이 부여한 배당금으로 최고의 수익을 거두고 싶다면 남을 돕는 데에도 써야 한다. 가족, 지역사회, 전 세계의 빈곤층이 당신의 도움을 필요로 한다. 그들과 거침없이 나누는 순간, 자기중심적인 일로는 절대 느낄 수 없었던 놀라운 변화를 느낄 수 있을 것이다.

시간이 지날수록 어떻게 하면 좀 더 효과적으로 남을 도울 수 있는지 노하우가 쌓일 것이다. 아내와 나도 '호프 이펙트'에서 멈출 생각은 없다. 앞으로 좀 더 많은 아이디어와 기회가 생길 것이다. 당신도 우리처럼 점점 더 봉사하고 싶은 마음이 생기고 점점 더 영향력을 발휘하는 노하우가 생길 거라고 믿어 의심치 않는다.

이것이 줄일수록 풍성해지는 삶이다. 집의 크기와 차의 종류, 옷의 브랜드로 우리가 사회에 어느 정도 기여하는지 측정이 되지는 않는다. 우리의 삶의 의미는 어떤 식으로 살기로 마음을 먹었고, 또 원하는 삶을 살 수 있도록 어떤 식으로 남들을 도왔는가에 따라 결정이 되는 것이다.

여러분에게 주어진 딱 한 번의 삶을 위해 큰 꿈을 꾸어라.

그러고는 깨어나 그 삶을 살아라.

감사의 글

—

맨 처음 만났을 때 담당 에이전트 크리스 피어비Chris Ferebee는 나에게 왜 출판사를 통해 책을 출간하고 싶어 하느냐고 물었다. 내 블로그의 원고는 전적으로 내 마음대로 할 수 있었고 그도 그걸 알고 있었다. 하지만 나는 그가 묻기 전부터 그 질문에 대한 답을 알고 있었다. "내가 일반적인 출판사를 원하는 이유는 책을 잘 만들고 싶기 때문이에요. 나 혼자보다 여럿이 함께 해야 더 훌륭한 성과를 거둘 수 있는 프로젝트니까요. 워낙 중요한 메시지를 담을 거라서 처음부터 제대로 만들어야 하거든요."

나는 내가 뭘 원하는지 알았다. 하지만 이런 책을 만들려면 얼마나 많은 사람들의 얼마나 많은 작업과 노력과 헌신이 필요한지 상상도 하지 못했다. 이 책은 내가 아니라 우리 팀이 만든 작품이다. 그들은 감사 인사를 받을 자격이 있다.

크건 작건 이 책의 탄생에 기여한 모든 분들에게 공개적으로 감사의 뜻을 전하고 싶지만 안타깝게도 인원수는 너무 많고 지면은 부족하다. 그래도 몇 명은 특별히 소개를 해야겠다.

담당 편집자이자 이제는 친구가 된 에릭 스탠퍼드Eric Stanford는 이 작업에 들인 시간이 어느 누구보다 많았다. 가끔 나보다 더 많은 게 아닌가 하는 생각이 들 정도였다. 그가 수없이 뜯어고치고 이메일을 주고받고 전화 통화를 하며 내 목소리에 깊이를 더하고 내 생각을 알맞은 단어로 표현한 결과 원래 내 원고보다 1,000배쯤 훌륭한 책이 탄생될 수 있었다. 진심으로 고마워요, 에릭.

에이전트 크리스 피어비는 어려운 질문을 퍼부으며 이 책의 방향을 처음부터 제대로 잡아주었다. 그가 없었다면 이 책은 존재할 수 없었을 테니 평생 그 은혜를 잊지 못할 것이다. 원고보다 나를 더 신경 써줘서, 처음부터 끝까지 듬직하게 내 옆을 지켜줘서 고마워요.

워터브룩 멀티노마 출판사WaterBrook Multnomah에도 감사 인사를 전하고 싶다. 침실 옷장 안의 의자에 앉아서 수전 탸덴Susan Tjaden, 데이비드 코프David Kopp와 맨 처음 통화하고 전화를 끊었을 때 꼭 워터브룩에 이 책을 맡기고 싶다는 생각이 들었다. 그들은 끝까지 내 열정과 생각과 소명을 이해해주었다. 처음부터 이 프로젝트를 지지하고 힘을 실어준 티나 콘스터블^{Tina Constabl}, 고마워요. 워터브룩의 팀원들, 표지 디자이너, 마케터, 교정자, 교열자 모두 고마워요.

내 작은 삶의 모델이 되어준 사람들, 내 관점에 영향을 미친 사람들에게도 고맙다는 말을 전하고 싶다. 이 책에 언급이 되지 않았더라도 그들의 입김을 행간에서, 내 삶에서 느낄 수 있을 것이다.

〈작은 삶을 사는 법^{Becoming Minimalist}〉 블로그 독자들에게도 진심 어린 감사를 보낸다. 포스팅에 댓글을 달고 이메일을 보내고 콘텐츠를 공유하고 행사에 참석해준 그들 덕분에 글쓰기가 재미있었다. 그들의 응원이 있었기에 밤늦도록 컴퓨터 앞을 지킬 수 있었다.

이 프로젝트는 버몬트에서 시작돼 애리조나에서 끝났지만 내 가슴 속에는 사우스다코타가 있다. 글로 다 표현할 수 없는 부모님과 우리 가족. 나를 믿어줘서, 개성과 믿음, 평화와 인내, 은총과 사랑을 바탕으로 삶을 건설할 수 있도록 기틀을 잡아줘서 고마워요.

마지막이지만 가장 중요한, 신실한 아내 킴벌리와 보석 같은 두 아이 세일럼과 알렉사에게 감사를. 그들의 사랑과 웃음 덕분에 내 삶에 기쁨이 넘치고 내 발걸음이 가벼워지고 일을 할 때 영감이 떠오른다. 나는 이 책이 자랑스럽지만 그보다 그들이 더 자랑스럽다. 그들의 삶을 통해 이 세상에 축복이 내리길.

그리고 소유보다 더 큰 목표를 추구하는 우리 모두에게도 축복이 내리길.

수많은 잡동사니 밑에 숨겨져 있던 당신이 원하는 삶.
작은 삶의 철학은 당신이 찾아 헤맸던
더 나은 인생에 없어서는 안 될 열쇠다.

_____ **조슈아 베커**

옮긴이   연세대학교에서 중어중문학을, 국제학대학원에서 동아시아학을 전공했
이 은 선   다. 편집자, 저작권 담당자를 거쳐 전문 번역가로 활동 중이다. 옮긴 책으
로는 《1년만 나를 사랑하기로 결심했다》, 《살며 사랑하며 배우며》, 《당신
의 행복이 어떻게 세상을 구하냐고 물으신다면》, 《하루하루가 이별의 날》,
《딸에게 보내는 편지》, 《노 임팩트 맨》, 《베어타운》, 《할머니가 미안하다고
전해달랬어요》 등이 있다.

작은 삶을 권하다

초판 1쇄 발행 2018년 9월 10일
초판 4쇄 발행 2023년 4월 20일

지은이 | 조슈아 베커
옮긴이 | 이은선

발행인 | 유영준
편집팀 | 한주희, 권민지
마케팅 | 이운섭
디자인 | [★] 규
발행처 | 와이즈맵
출판신고 | 제2017-000130호(2017년 1월 11일)

주소 | 서울 강남구 봉은사로16길 14, 나우빌딩 쉐어원오피스 4층 (우편번호 06124)
전화 | (02)554-2948
팩스 | (02)554-2949
홈페이지 | www.wisemap.co.kr

ISBN 979-11-89328-04-7 (03190)